FROM
NIMBY
TO
YIMBY

从"邻避"到"邻里"

中国邻避风险的复合治理

辛方坤 著

北京大学出版社

图书在版编目(CIP)数据

从"邻避"到"邻里":中国邻避风险的复合治理/辛方坤著. —北京:北京大学出版社,2021.10

ISBN 978-7-301-32570-4

Ⅰ.①从… Ⅱ.①辛… Ⅲ.①社会管理—风险管理—研究—中国 Ⅳ.①D63

中国版本图书馆 CIP 数据核字(2021)第 197027 号

书　　　名	从"邻避"到"邻里":中国邻避风险的复合治理 CONG "LINBI" DAO "LINLI": ZHONGGUO LINBI FENGXIAN DE FUHE ZHILI
著作责任者	辛方坤　著
责任编辑	朱梅全
标准书号	ISBN 978-7-301-32570-4
出版发行	北京大学出版社
地　　　址	北京市海淀区成府路 205 号　100871
网　　　址	http://www.pup.cn　新浪微博:@北京大学出版社
电子信箱	sdyy_2005@126.com
电　　　话	邮购部 010-62752015　发行部 010-62750672　编辑部 021-62071998
印　刷　者	北京溢漾印刷有限公司
经　销　者	新华书店
	730 毫米×980 毫米　16 开本　14.25 印张　185 千字 2021 年 10 月第 1 版　2021 年 10 月第 1 次印刷
定　　　价	58.00 元

未经许可,不得以任何方式复制或抄袭本书之部分或全部内容。
版权所有,侵权必究
举报电话:010-62752024　电子信箱:fd@pup.pku.edu.cn
图书如有印装质量问题,请与出版部联系,电话:010-62756370

"国家安全研究系列"丛书序

在中国共产党的正确领导下,经过长期的艰苦奋斗,中华民族迎来了从站起来、富起来到强起来的伟大飞跃,中华民族伟大复兴进入了不可逆转的历史进程。当前,我国正处于由大向强发展的关键阶段,改革发展稳定任务之重、矛盾风险挑战之多都前所未有,各种矛盾和挑战、困难和问题多发叠加,掌控和处理难度越来越大,国家安全面临的形势日益严峻。在全球化与世界政治深刻变化的影响下,我国国家安全的内涵和外延发生重大扩展,传统的内政问题正在突破主权边界成为国家安全的重要议题,而传统的外部安全问题也正穿透主权限制对国家内政产生影响,内外安全愈益相互交织而互为一体。国家安全所涉及的问题领域也从过去的领土安全、军事安全、政治安全拓展到政治、经济、社会、文化、科技、信息、生态环境等多个方面。各种纷繁复杂的内外因素愈益交织在一起,极大增加了国家安全风险和挑战的复杂性、长期性与严峻性。

2014年4月,习近平总书记深刻总结国家安全的基本经验,科学把握国家安全的内在规律,敏锐洞察国家安全形势的新变化新特点新趋势,创造性地提出"总体国家安全观",深刻揭示了中国国家安全的本质,实现了我们党在国家安全理论上的历史性飞跃。随着国家安全委员会的成立,《国家安全战略纲要》与《国家安全法》的相继出台,我国开启了统筹国内、国际两个大局,科学合理应对国家安全挑战的新阶段。这对于国家安全研究、教学、宣传能否紧跟中国和平崛起步伐,及时满足国家安全工作的历史性和战略性需求,提出了新的时代要求。

与此同时,国家安全学学科建设也迎来了重大发展机遇。2018年4月,教育部印发《教育部关于加强大中小学国家安全教育的实施意见》,提出"推动国家安全学学科建设",明确"设立国家安全学一级学科"。这标志着承接20世纪90年代对国家安全学的初步探讨,新时代国家安全学进入学科论证的"快车道"。2018年5月,国际关系学院、北京外国语大学、上海政法学院、外交学院、中国人民解放军国防大学国家安全学院、中共中央党校国际战略研究院和中国人民大学国家安全研究院共同签署"国家安全学学科建设与协同创新中心"组建启动倡议书,推动国家安全学学科理论体系、人才培养机制和国家安全学学科专业建设综合研究。随后,国际关系学院、西南政法大学、中国人民解放军国防大学、中国公安大学、中国人民大学、华东理工大学等有前期研究基础的高校结合优势学科,自主设立国家安全学硕士、博士培养方向以及相关研究机构。2020年12月30日,国务院学位委员会、教育部发布《国务院学位委员会 教育部关于设置"交叉学科"门类、"集成电路科学与工程"和"国家安全学"一级学科的通知》,历时三年的国家安全学学科属性、定位大讨论圆满画上句号。尽管相关高校、科研机构在课程体系、人才培养侧重点等方面存在一定差异,但均认为国家安全学虽然与军事学、公安学、政治学、法学等学科有交叉,兼具多学科知识,但有着相对独立的研究对象和专业领域,能够区别于相邻学科。

作为一门新兴的交叉学科,国家安全学旨在研究国家安全理论和实践及其一般规律与特征,分析国家安全的内涵和外延以及影响国家安全的内外因素,考察国家安全工作的指导、制度和保障及其相互关系，并探讨国家安全学学科建设及教学研究工作的一般规律和方法。国家安全学在研究对象和分析方法上结合理论、历史和实践，兼具理论性和应用性，具有鲜明的中国特色。鉴于国家安全学交叉范围广泛，跨界性、综合性突出的特点，在学科发展制度化、规范化的进程中，需要进一步提炼、明确研究对象、理论框架、研究方法、人才培养目标，形成以"总体国家安全观"为指导思想，体现中国独特安全环境和历史经验，具有鲜明时代特色、逻辑严密的学科体系。

当前，国家安全学一级学科的宏大学科体系仍面临着科学论证、不断完善的艰巨任务。这需要相关高等院校和科研院所在有关政策部门、职能部门的指导下，团结协作、集体攻关，取得更大共识，推出更好成果，实现更大目标。近年来，上海政法学院充分结合自身学科优势和智库科研力量，着力推动反恐、跨国犯罪、周边安全等领域的研究，形成了一系列研究成果，现将其付梓而成"国家安全研究系列"丛书，希望以此为平台加强同兄弟单位的交流、合作，为国家安全研究、学科建设贡献绵薄之力。

是为序。

刘晓红

上海政法学院校长

2021 年 10 月于上海佘山

目 录

第一章　引言 ... 001
　　第一节　邻避的缘起 ... 003
　　第二节　邻避在中国 ... 006

第二章　基于内容分析的中国邻避及其治理研究 ... 015
　　第一节　邻避问题的研究现状 ... 018
　　第二节　邻避原因的相关探讨 ... 022
　　第三节　邻避风险的治理之道 ... 028
　　第四节　中国邻避研究未竟之路 ... 032

第三章　邻避设施建设中的风险感知与风险沟通 ... 035
　　第一节　风险及其内涵 ... 037
　　第二节　风险感知中的不确定性 ... 043
　　第三节　专家决策的知识赤字模型 ... 048
　　第四节　邻避设施建设中的风险沟通 ... 055

第四章 邻避运动的风险评估研究 　063
第一节　邻避风险的研究路径 　066
第二节　风险评估指标体系的构建 　070
第三节　基于模糊层次分析的风险评估 　073
第四节　风险评估的发现 　079

第五章 邻避设施建设中的政府信任 　081
第一节　信任及其含义 　083
第二节　信任中的情感因素 　088
第三节　信任不对称与 TCC 模型 　094
第四节　邻避风险沟通中的政府信任 　100

第六章 基于风险社会放大框架理论的邻避舆情传播 　105
第一节　邻避事件中舆情传播的社会环境分析 　110
第二节　邻避事件的舆情传播社会放大模型 　114
第三节　舆情危机的应对：邻避风险的弱化 　121

第七章 宁波、九江 PX 事件演化路径的比较研究 　127
第一节　学者们眼中的邻避演化过程 　131
第二节　宁波、九江 PX 事件的演化比较 　136
第三节　PX 项目邻避风险化解的链条 　142
第四节　PX 项目该走向何方 　149

第八章　好事更好：垃圾焚烧项目邻避困境的超越机理研究　　151

第一节　挖掘邻避事件中的"建设性"　　153

第二节　邻避治理建设性案例的选取与收集　　156

第三节　邻避困境超越的机理模型　　159

第四节　从"好事变坏"到"好事更好"　　163

第五节　垃圾焚烧项目实现"好事更好"的路径——植根人民　　169

第九章　上海殡葬设施面临的邻避风险及其化解　　175

第一节　上海殡葬设施建设的需求与供给分析　　179

第二节　殡葬设施建设中邻避风险的社会放大案例　　182

第三节　殡葬设施邻避风险的影响要素　　187

第四节　殡葬设施邻避风险化解的总体思路　　194

第五节　殡葬设施邻避风险化解的路径　　196

第十章　结论与展望　　203

附录　关于殡葬设施规划与建设中的邻避风险调查问卷　　213

后记　　219

第一章
引　言

20世纪70年代开始,西方社会经历了环境社会运动,对环境问题的关注逐渐进入人们的视野。"邻避"(Not in My Back Yard, NIMBY,即"不要建在我家后院")最早从美国开始,迅速传遍西方社会。邻避不仅是政治社会学、环境社会学、城市规划等学科的问题,更是一个全球性的公共政策问题。对邻避现象的关注和解释,不仅只是为了满足好奇心,也是准确理解中国公共政策实践的需要。对于公共行政研究人员而言,如果不关心中国邻避问题的治理结构和社会影响,也就不可能透彻分析具体的实践问题。尤其是在打造"治理能力和治理体系现代化"的时代背景下,中国涌现出数量众多的共建共治共享的邻避风险治理的成功案例,值得深入研究。

第一节
邻避的缘起

2011年3月11日,日本东北部太平洋海域发生里氏9.0级地震,导致福岛两座核电站反应堆发生故障,并最终爆炸。日本经济产业省原子能安全和保安院3月12日宣布,受地震影响,福岛第一核电站的放射性物质泄漏到外部。核电设施的风险问题再一次展现在人们面前。世界各国或地区在推进核设施时或多或少地受到了福岛核事故的影响。2014年3月9日,3500多名法国、德国及瑞士反核民众在法国费森海姆核电站外集会,要求关闭核电站。2016年2月19日,美国纽约民众组织游行,抗议位于纽约州哈德逊河畔的印第安角

从"邻避"到"邻里"
中国邻避风险的复合治理

(Indian Point)核电站。

加拿大管道公司在2010年6月铺设了横跨美国中西部农业区的"拱心石"输油管道,计划每日从加拿大向美国输送石油。该公司还计划将该条管道从加拿大艾伯塔省往东南延伸至美国得克萨斯州,该延伸项目被称为"拱心石"XL输油管道项目,投资70亿美元,预计管道全长约2700公里,每年输油量将达70万桶。由于该延伸项目是用来运输提炼难度很高且容易造成环境污染的油砂石油,加之在同年5月"拱心石"输油管道发生过两次重大泄漏事故,该延伸项目遭到了环保团体、农牧业组织的强烈反对。为了以最短的距离增大原油运输量,"拱心石"XL输油管道项目原计划穿越美国内布拉斯加州的原住民保留区,但遭到了原住民的强烈反对。许多民间环保组织时常跑到白宫前抗议,许多社会名流也通过自身影响力来筹款补贴游说,阻止项目建设。时任美国总统奥巴马几经犹豫,最终于2015年11月正式否决了"拱心石"XL输油管道项目。①

事实上,从20世纪70年代以来,有关邻避问题的抗议活动一直是各国普遍面临的重大政治问题。这些抗议活动的目标往往是建立在社区周边的对环境及民众健康有害的大型公共基础设施。这些抗议活动会出现,有一个关键年份不得不提,即1970年,正如马兹曼尼安(D. Mazmanian)和莫雷尔(D. Morell)所说,"那一年迎来了环境运动作为美国推进社会和政治发展的重要方式"②。同时,庆祝第一个

---

① 《加拿大管道公司计划更改"拱心石"XL输油管道线路》,https://www.163.com/money/article/7ITB07HT00253B0H.html,2021年3月20日访问;《奥巴马否决美加输油管道项目:"拱心石"没法帮美国降油价》,https://www.thepaper.cn/newsDetail_forward_1393915,2021年3月20日访问。

② D. Mazmanian and D. Morell, The "NIMBY" Syndrome: Facility Siting and the Failure of Democratic Discourse, in N. J. Vig and M. E. Kraft (eds.), *Environmental Policy in the 1990s*, CQ Press, 1990, p.127.

第一章
引言

"世界地球日"、美国时任总统尼克松签署《国家环境政策法案》（NEPA）、设立美国国家环保局等标志性事件均发生在这一年。1970年之后，关于主要基础设施项目、工业设施和废物管理的决策开始发生重大变化。

从20世纪80年代开始，英、美等西方国家的公共管理也进入新的时期，新公共管理运动进入白热化，无论是撒切尔政府改革还是克林顿政府改革，新自由主义在资本发展的历史上重新占据主导地位，私有化、市场化等成为设施选址的优先规则。私营公司可以自由地决定何时、如何以及在何地建设大型设施，它们优先考虑的是经济因素。

70年代末，社会科学家开始对环境问题的研究产生了浓厚的兴趣。很快，研究者认为有必要为这种新的社会现象提供适当的概念及理论框架。研究者们创造了"邻避"（NIMBY）这个术语，来描述民众和当地社区对实际建造或者计划建造的危害环境安全的基础设施或设施选址的反应。这恰恰符合政治学、社会学等研究者们的兴趣。当时广泛传播的另一个概念是"LULUs"（Locally Unwanted Land Uses）。有时，"NIMBY"甚至会演变成"BANANA"（Building Absolutely Nothing Anywhere Near Anyone）。

在文献研究中，"NIMBY"首先是由迪尔（M. J. Dear）和泰勒（S. M. Taylor）在《不在我们的街道》[1]中介绍的。迪尔在他有影响力的论文中，将"NIMBY"界定为"面对不受欢迎的设施，社区团体采用的保护主义态度或反对策略……居民通常承认这些设施是必要的，但不能靠近他们的家园"[2]。最早的学术讨论主要关注政府及项目者如

---

[1] M. J. Dear and S. M. Taylor, *Not on Our Street*, Pion Limited, 1982.

[2] M. J. Dear, Understanding and Overcoming the NIMBY Syndrome, *Journal of the American Planning Association*, Vol. 58, No. 3, 1992, pp. 288-300.

何克服这些开发和建设障碍的实际对策建议,①如经济补偿、信息公开、民主程序等。这些早期的研究主要从技术专家的视角来看待"NIMBY",并将其作为对有效规划的一个约束条件。② 在90年代,"NIMBY"被理解为一种种族和阶级分离的工具,用于将相关设施建造在相对落后或权力稀少的区域,有时这被称为"环境种族主义"。③近来,"NIMBY"被西方舆论及一些研究者视为可持续发展和绿色基础设施建设的障碍。关于核电站、风力发电厂和废物管理设施选址的研究发现,这些项目仍然面临着较大的反对,但并非所有的项目设施都像早期研究一样被视为污名化的设施。④

第二节
邻避在中国

中国台湾地区研究者最早引入了"NIMBY"概念,并将其翻译为

---

① W. Freudenberg and S. Pastor, NIMBYs and LULUs: Stalking the Syndromes, *Journal of Social Issues*, Vol. 48, No. 4, 1992, pp. 39-61; H. Inhaber, Of LULUs, NIMBYs and NIMTOOs, *Public Interest*, Vol. 107, No. 52, 1992, pp. 52-64; M. N. Wexler, A Sociological Framing of the NIMBY (Not-in-My-Backyard) Syndrome, *International Review of Modern Sociology*, Vol. 26, No. 1, 1996, pp. 91-110.

② T. Mannarini and M. Roccato, Uses of the Term NIMBY in the Italian Press, 1992-2008, *Environmental Politics*, Vol. 20, No. 6, 2011, pp. 807-825.

③ James T. Hamilton, Testing for Environmental Racism: Prejudice, Profits, Political Power? *Journal of Policy Analysis and Management*, Vol. 14, No. 1, 1995, pp. 107-132.

④ D. Bell, T. Gray, C. Haggett, and J. Swaffield, Re-Visiting the "Social Gap": Public Opinion and Relations of Power in the Local Politics of Wind Energy, *Environmental Politics*, Vol. 22, No. 1, 2013, pp. 115-135; I. Botetzagias and J. Karamichas, Grassroots Mobilisations Against Waste Disposal Sites in Greece, *Environmental Politics*, Vol. 18, No. 6, 2009, pp. 939-959.

第一章
引言

"邻避",也就是"不要建在我家后院"。李永展认为,邻避设施是指"服务广大地区民众,但可能对生活环境、居民健康与生命财产造成威胁,以至于居民希望不要设置在其家附近的设施"①。邻避设施虽是社区不愿意接受的设施,但却是达成更广泛意义上的社会公共福利所不可或缺的。例如,殡仪馆是为了提供丧葬设施及丧葬服务,社区停车场是为了解决城市停车问题,而垃圾焚烧站则是为了避免因垃圾填埋场饱和所导致的"垃圾围城"等环境危害。

2006年,中山大学何艳玲老师发表了论文《"邻避冲突"及其解决:基于一次城市集体抗争的分析》,首次将邻避研究引入中国大陆地区。她认为,当时中国正面临单位制的解体和社区建设的兴起这两大制度变迁的挑战,导致"城市居民逐渐从单位人转变为社会人,他们越来越关心自己所居住的社区及其品质,社区内产生的公共问题和冲突也越来越多。在这些公共问题中,比较突出的是在自利动机和社区保护意识高涨下所产生的各类环境冲突,如邻避设施及其带来的邻避冲突"②。在此后的10年里,中国的邻避设施面临"一建就闹""一闹就停"的闹停困境。PX项目、垃圾焚烧站、殡葬设施、高压变电站、养老院等众多设施均未能摆脱"闹停"的命运。所以,邻避问题的学术研究也越来越多。图1-1展示了邻避风险的形成机理。

改革开放以来,中国经历了翻天覆地的变化,尤其是城镇化的快速发展令世界瞩目。中国常住人口城镇化率由1978年的17.9%提高至2020年的63.89%,而2021年3月十三届全国人大四次会议通过的《中华人民共和国国民经济和社会发展第十四个五年规划和

---

① 李永展:《邻避症候群之解析》,载《都市与计划》1997年第1期。
② 何艳玲:《"邻避冲突"及其解决:基于一次城市集体抗争的分析》,载《公共管理研究》2006年第4卷。

从"邻避"到"邻里"
中国邻避风险的复合治理

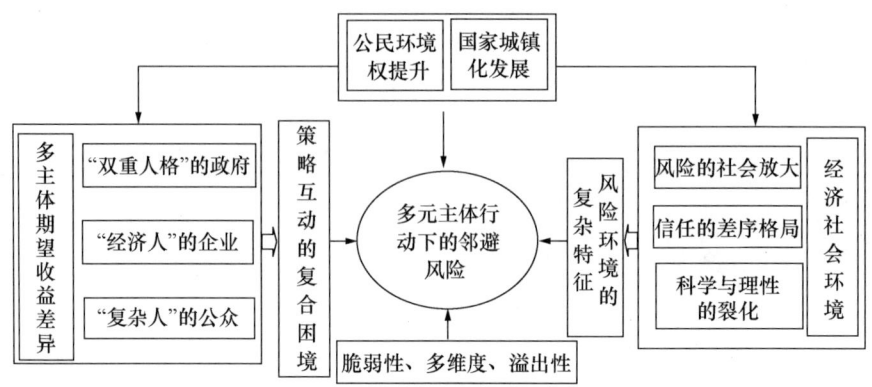

图 1-1 邻避风险示意图

资料来源:作者自制。

2035年远景目标纲要》提出,"十四五"规划时期中国的常住人口城镇化率的目标为65%。随着中国城镇化的快速发展,大量的邻避设施成为城市与社会发展的必需品。以垃圾焚烧站为例,绝大多数城市均面临"垃圾围城"的困境。分类回收、填埋、堆肥和焚烧是当前垃圾处理的四种方法。根据住建部发布的《2019年城市建设统计年鉴》,2019年全国生活垃圾卫生填埋场有652座,处理垃圾10948.03万吨;焚烧处理厂有390座,处理垃圾12174.17万吨;从地区分布来看,焚烧处理厂主要集中在东部沿海城市。焚烧处理是一种无害化、减量化和资源化的处理方式,已经成为世界上诸多发达国家和地区处理生活垃圾的最主要方式。垃圾焚烧处理距今已有100多年的历史,但在一些城市该项目却面临"邻避困境",即政府规划论证→政府宣布建设→周边居民强烈反对→项目被迫搁置的困局。北京六里屯(2006年)、广东番禺(2009年)、上海松江(2012年)、浙江海盐(2016年)、安徽宿松(2018年)等诸多引发群体性事件的案例均昭示着垃圾焚烧发电项目开工、建设的艰难。当然,也有一些城市在经历邻避困

第一章
引言

境后,运用一系列治理工具,顺利建成了项目,实现了项目从破坏性向建设性的转化。

2014年5月11日,浙江省杭州市余杭区发生了因部分民众反对中泰乡九峰村生活垃圾焚烧发电厂项目建设的"中泰垃圾焚烧厂事件"。2017年3月24日,《人民日报》在第19版整版刊文《杭州解开了"邻避"这个结》,介绍了杭州余杭的中泰群体性事件以及最终实现垃圾焚烧发电厂原址开工的问题解决过程。同样,2016年湖北仙桃发生了部分群众反对垃圾焚烧厂建设的"6·25"事件,一时成为舆论焦点;2017年5月3日,在群众支持率高达99%的情况下,仙桃垃圾焚烧发电项目作为该市"一号工程",在原址重新启动建设;2018年4月15日,项目投产试运行。

2019年1月,习近平主席在"省部级主要领导干部坚持底线思维着力防范化解重大风险专题研讨班"上指出,提高防控能力,着力防范化解重大风险。① 防范化解邻避风险是当下社会治理亟待解决的难题,也对打造共建共治共享的社会治理格局提出了重大挑战。早在2013年,中国共产党就提出了"推进国家治理体系和治理能力现代化"的总目标,以应对各种风险和挑战,提升治理效能。2013年11月12日,中国共产党第十八届中央委员会第三次全体会议通过的《中共中央关于全面深化改革若干重大问题的决定》首次提出:"全面深化改革的总目标是完善和发展中国特色社会主义制度,推进国家治理体系和治理能力现代化。"② 2019年10月31日,中国共产党第十九

---

① 《习近平在省部级主要领导干部坚持底线思维着力防范化解重大风险专题研讨班开班式上发表重要讲话》,http://www.gov.cn/xinwen/2019-01/21/content_5359898.htm,2021年4月1日访问。

② 《中共中央关于全面深化改革若干重大问题的决定》,http://www.gov.cn/jrzg/2013-11/15/content_2528179.htm,2021年4月1日访问。

从"邻避"到"邻里"
中国邻避风险的复合治理

届中央委员会第四次全体会议通过《中共中央关于坚持和完善中国特色社会主义制度 推进国家治理体系和治理能力现代化若干重大问题的决定》,提出"坚持和完善共建共治共享的社会治理制度"①。2020年10月29日,中国共产党第十九届中央委员会第五次全体会议通过的《中共中央关于制定国民经济和社会发展第十四个五年规划和二〇三五年远景目标的建议》将"国家治理效能得到新提升"作为今后五年中国经济社会发展的主要目标之一,并对"十四五"时期推进国家治理体系和治理能力现代化作出重要部署,明确"完善共建共治共享的社会治理制度,扎实推动共同富裕,不断增强人民群众获得感、幸福感、安全感"②。

事实上,自"国家治理体系和治理能力现代化"的概念从提出到深入人心之后,中国已经出现了众多建设性的邻避风险化解实践,正基于此,本书探寻从"破坏性"邻避向"建设性"邻里转型的理论建构。另外,实现由"邻避"到"邻里"的转变,不应简单照搬多中心治理或合作治理等模式,应倡导融合中国行政体制特点与现代治理理论的复合治理之道。有别于众多聚焦邻避冲突事件机理与对策"破"的研究,本书采用案例分析法、扎根理论、模糊层次分析、实地观察等多种研究方法,尝试从十余起邻避风险化解成功案例中探索"立"的中国经验,有利于破解中国邻避设施规划与建设的"闹—解"困境,顺利推进城镇化建设;同时,将邻避运动置于新时代的宏观视野下,不仅关

---

① 《中共中央关于坚持和完善中国特色社会主义制度 推进国家治理体系和治理能力现代化若干重大问题的决定》,http://www.xinhuanet.com/politics/2019-11/05/c_1125195786.htm,2021年4月1日访问。

② 《中共中央关于制定国民经济和社会发展第十四个五年规划和二〇三五年远景目标的建议》,http://www.gov.cn/zhengce/2020-11/03/content_5556991.htm,2021年4月1日访问。

第一章
引言

注邻避设施的共建与共治,更关注如何共享。

本书后续章节安排如下:

第二章"基于内容分析的中国邻避及其治理研究"。该章运用内容分析法梳理了2006—2020年发表的有关邻避问题的文献。通过对析出的933篇学术期刊文献的分析,发现学术界对邻避冲突的原因及治理建议均取得了较为丰硕的研究成果。但多集中在失败案例的困境研究,如宁波PX事件、广州番禺垃圾焚烧厂事件等就获得研究者们的广泛关注。有学者就指出:"关于中国邻避冲突治理的研究仍然集中于冲突何以发生以及地方政府何以治理失败,却很少探讨地方政府如何成功治理邻避冲突。"[①]仅有的寥寥数篇关于成功治理邻避冲突的文献也是对偶发案例的特殊性研究,缺乏通过多案例研究来揭示冲突治理的可行性与普遍性。

第三章"邻避设施建设中的风险感知与风险沟通"。通过第二章的文献研究,发现风险感知是邻避设施建设中的重要因素。所以,本章从专家与民众对风险理解差异的角度研究了风险的不确定性及知识赤字模型,并分析了邻避设施建设中的风险沟通。本章属于理论建构层面,目的是为后续风险评估研究的展开奠定理论基础。

第四章"邻避运动的风险评估研究"。在风险理论研究的基础上,对邻避运动可能面临的风险进行评估。所以本章运用模糊层次分析方法,从邻避运动参与的主体特征、政府与公众的互动及参与主体的风险感知三个方面七个层次构建邻避运动的风险认知评估指标体系。研究发现,政府信任水平是影响邻避风险的最重要指标之一。

第五章"邻避设施建设中的政府信任"。针对风险评估所发现的

---

① 张紧跟:《制造同意:广州市政府治理邻避冲突的策略》,载《武汉大学学报(哲学社会科学版)》2017年第3期。

政府信任是影响邻避风险的重要指标,所以本章专门研究了邻避设施建设中的政府信任。通过研究政府信任中的信息不对称与 TCC 模型,分析了政府信任的一般属性。本章重点分析了通过细致的风险建构信任的理论框架。

第六章"基于风险社会放大框架理论的邻避舆情传播"。中国已经进入新媒体时代,新媒体赋予了公众相对自由的公共空间,自下而上与"个性化"的传播模式不仅拓展了民众的权利主张空间,也放大了舆情传播的物理边界。所以,本章运用风险社会放大框架理论,从"酝酿—爆发—升级—衰退"四个阶段构建舆情的传播模型。研究发现,舆情危机应对的核心是弱化邻避风险,即在舆情传播的过程中提前研判风险源,具体思路为:第一,从源头上阻止舆情的扩散,即通过权威机构在能见度与合法性方面双向介入,从而缩短权力距离,并适当放大合理信息以保证关键信息的披露;第二,如果风险信息扩散亦应该防止风险聚集所呈现出的危害性,通过稀释污名信息与重设参照物来达到去污名化的目的;第三,为了防治舆情应急失灵,通过关键节点识别与整体性治理的手段达到风险调适的目标。

第七章"宁波、九江 PX 事件演化路径的比较研究"。从本章开始,本书的研究内容进入具体行业层面,目的是为相关行业提供实践的经验借鉴。本章研究了 PX 项目面临的邻避风险及其化解路径。通过对"闹—停"的宁波 PX 项目与顺利推进的九江 PX 项目的演化路径进行比较研究后发现:在信息时代赢得公众支持,不能仅靠"通告""通知"等信息单向传输,而是需要大范围、面对面、细致的科普与宣传;在公众权利意识不断攀升的背景下,政府需要改变以往的效用主义决策模式,精准定位持不同观点群体的利益诉求;公众反对邻避设施往往并不是因为 PX 项目或者垃圾焚烧站有毒、有害,而是担心设施建成后,地方政府对其监管不力造成环境侵害。

第一章
引言

第八章"好事更好：垃圾焚烧项目邻避困境的超越机理研究"。本章研究了六个垃圾焚烧站成功化解邻避风险的机理。垃圾焚烧是解决当前中国"垃圾围城"的最主要处理方式，但在项目建设过程中，各地却普遍陷入"邻避困境"，导致"好事变坏"。实现垃圾焚烧项目从"污名邻避"到"和谐邻里"的转变，需要探索其超越机理。鉴于邻避困境超越理论的匮乏，本章采用扎根理论对六个成功原址复建的垃圾焚烧项目案例进行分析，从而挖掘出邻避困境超越的影响因素与机理。研究发现，邻避困境的超越面向垃圾焚烧项目的全生命周期，涉及施政理念、科学规划、技术领先、风险沟通、共容利益与有效监督等六个主范畴。风险沟通与共容利益是关键核心要素。对地方政府而言，实现"好事更好"应从侧重应急的反应式治理走向人民城市的包容性治理。

第九章"上海殡葬设施面临的邻避风险及其化解"。中国正进入老龄化的加速发展期，而上海已经进入了老龄化社会，殡葬设施的需求将与日俱增。本章研究了上海殡葬设施改扩建过程中可能会面临的邻避风险，通过问卷与访谈的方法，研究了殡葬设施邻避风险的影响要素。最后从风险沟通、生命教育、绿色殡葬、公众参与、空间改造等五个方面给出化解邻避风险的策略建议。

第二章
基于内容分析的中国邻避及其治理研究

邻避是指在现代化与都市化的进程中，许多集体消费的必要公共设施与非集体消费的生产设施，均面临因设施的外部性扩散，而引起设施周边居民反对的现象。① 城市化将成为中国发展的最大红利，因此社会对邻避设施的需求必然增加；与此同时，社会的进步使民众的环保及权利意识逐渐觉醒。这样，民众对于邻避设施的规划和建设，就出现了若干非理性的反对行为。中国社会发展正进入一个特殊的环境敏感期：一方面，"发展中"这一现实国情绕不开产业的梯度转移，一些工业项目也不可能做到"零污染"；另一方面，民众的环境意识与权利意识在迅速提升。环境利益冲突既是社会进步的体现，也成为发展转型的一种折射。

党的十八大报告将"社会矛盾明显增多""生态环境"列为我国"前进道路上存在的困难和问题"，并旗帜鲜明地提出"把生态文明建设放在突出地位，融入经济建设、政治建设、文化建设、社会建设各方面和全过程，努力建设美丽中国，实现中华民族永续发展"。② 近年来，中国面临的由环保引发的邻避冲突不断增加，造成了地方政府、居民、企业三方"共输"的后果。为解决邻避问题、化解邻避冲突，国内学术界也进行着突破性的尝试，相关研究文献也不断涌现。本章尝试采用内容分析法对已有邻避文献进行定量分析，以展现已有国

---

① 谭鸿仁、王俊隆：《邻避与风险社会：新安店坑掩厂设置的个案分析》，载《台湾师范大学地理研究》2005 年第 42 期。

② 《胡锦涛在中国共产党第十八次全国代表大会上的报告》，http://cpc.people.com.cn/n/2012/1118/c64094-19612151.html，2020 年 11 月 2 日访问。

内邻避问题研究的全貌,管窥可以进一步深入研究的盲点,并在此基础上提供可资借鉴的研究思考。

第一节
邻避问题的研究现状

本章以国内邻避问题相关文献为研究样本,采用内容分析的定量化研究方法,对邻避运动的产生原因及治理机制进行分析,目的是探寻国内邻避研究的路径、厘清当前此问题的研究现状,为丰富国内邻避研究提供思路。

研究资料来源于在中国知网以"邻避""NIMBY"为篇名的搜索,时间截止到2020年12月,共得到1493篇文献。近年来国内邻避问题研究呈现出不断增长的趋势,由2006年的1篇,增加至2020年12月的129篇,顶峰出现在2017年,有240篇(见图2-1)。这一方面说明了学者对此问题的重视程度,另一方面也说明中国面临邻避问题日渐增长的现实。删除文献信息不全以致无法引用,专访类、描述类及论点采编类的文献,共得到933篇学术期刊文献,形成了本研究的样本。

本研究的着眼点不在于发现最有代表性或逻辑性的单个观点,而是探索邻避研究的中国化研究路径,故而没有因期刊是否重要和作者是否著名而对样本进行区分。为了能够对相关邻避问题研究全貌有个较为全面的把握,本书在具体分析指标方面,遵循邻避问题研究的一般化路径,对邻避问题的研究方法、产生原因和治理机制等方面进行分析,以比较研究者的不同态度。

第二章
基于内容分析的中国邻避及其治理研究

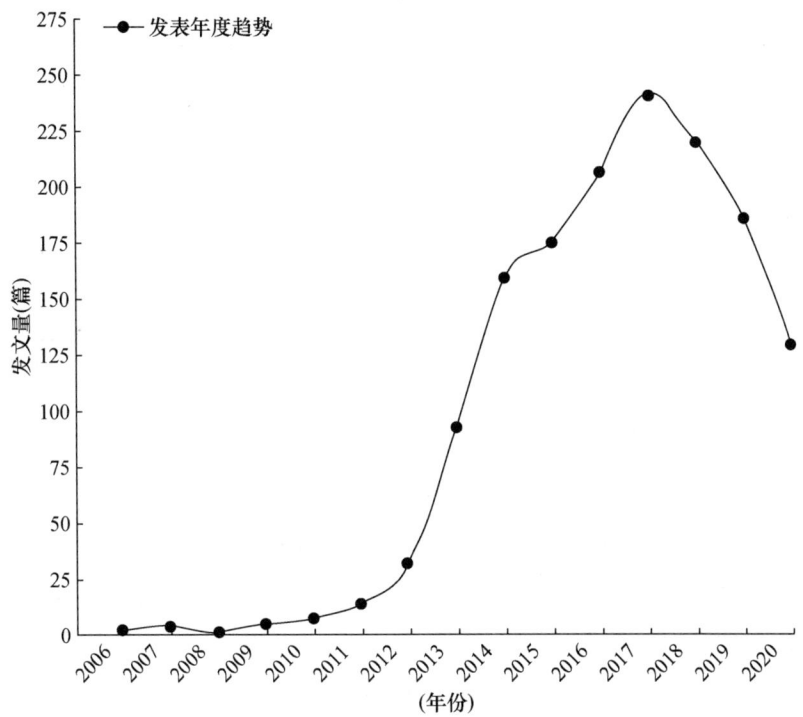

图 2-1 邻避研究趋势图
图片来源：作者自制。

随着城市化的快速发展，"中国式"邻避运动也进入密集爆发期。原有的城市公共设施（如交通、能源供给以及废物处理等设施）已经无法满足现代城市的要求，这必然要求大量增加或改进公共设施。但公共设施在选址时，不可避免地会面临邻避问题，处理不好甚至可能引发邻避冲突。邻避型群体性事件已然成为影响中国社会稳定的重要因素，相关数据显示：自 1996 年以来，环境群体性事件一直保持

从"邻避"到"邻里"
中国邻避风险的复合治理

年均29%的增速。① 据北京市环保局统计,2008—2010年,反映环境问题的群体上访数量正以每年30%的速度递增。② 恩格斯曾指出:"每一个时代的理论思维,包括我们这个时代的理论思维,都是一种历史的产物,它在不同的时代具有完全不同的形式,同时具有完全不同的内容。"③社会科学的使命是承担社会责任,以理论的方式面向现实,为解决社会问题出谋划策。中国的邻避研究者能够紧扣社会发展旋律,及时从理论与现实两个方面探讨邻避问题,为地方政府解决社会矛盾出谋划策,充分说明了中国社会科学界对现实问题的理论自觉。

从已有的邻避文献来看,有50.7%的文献采取非经验主义研究方法,大致上循着"邻避冲突概念解释—邻避冲突原因探讨—邻避冲突化解对策"的路径进行逻辑推理。由于中国近年来的邻避事件不断增加,有30.1%的研究采取案例分析的方法,对已暴露的邻避冲突个案进行梳理,从中得出有益的结论(见表2-1)。广州番禺垃圾焚烧厂事件、宁波PX事件等在中国有影响力的邻避冲突成为案例研究的热点。国内邻避研究的拓荒者何艳玲在2006年发表的第一篇关于邻避冲突的学术文献正是以一次垃圾压缩站事件为例,介绍了邻避冲突产生的原因、特点,最后提出了解决邻避冲突的原则性建议。④ 此篇文献所作的有益探索成为后来研究者的标杆,也成为邻避研究的必引文献。它"将国内外学者的研究从邻避问题的意涵、原因、特点、

---

① 王姝:《近年来中国环境群体性事件高发 年均递增29%》,载《新京报》2012年10月27日第A05版。
② 熊炎:《邻避型群体性事件的实例分析与对策研究——以北京市为例》,载《北京行政学院学报》2011年第3期。
③ 《马克思恩格斯选集》第3卷,人民出版社2012年版,第873页。
④ 何艳玲:《"邻避冲突"及其解决:基于一次城市集体抗争的分析》,载《公共管理研究》2006年第4卷。

第二章
基于内容分析的中国邻避及其治理研究

对策、反思等几个方面进行了综合的分析,以帮助大家厘清邻避问题研究的脉络,为进一步深入的研究奠定基础"[①]。采用文献研究方法进行分析的研究集中在2013年与2014年,因为直到2013年国内关于邻避问题的研究才较大规模地涌现出来。仅有8.2%的文献采用定量研究方法,并分布于两个方面:一是集中于城市规划领域,侧重于通过发放问卷的方式对相关设施公众"邻避"态度进行调查并测算可接受的补偿意愿,提出应当科学分析防护距离和居民的心理可接受距离,并给予适当的经济补偿;二是邻避运动的影响因素分析,通过选取研究样本,进行相关统计研究,以区分显著影响因素与非显著影响因素。无论哪条路径,鉴于邻避冲突的偶发性与区域的异质性,均是选定某个案例,在清晰的边界下进行分析,这大大限制了研究的一般性推广。

表2-1 研究方法

研究方法	占比
非经验主义	50.7%
案例研究	30.1%
文献研究	9.6%
定量研究	8.2%
比较研究	1.4%

资料来源:作者自制。

可检索到国际经验比较研究的文献有9篇,多集中在美国邻避问题的处理上,也有学者介绍了日本、加拿大、德国等国家处理邻避问

[①] 王佃利、徐晴晴:《邻避冲突的属性分析与治理之道——基于邻避研究综述的分析》,载《中国行政管理》2012年第12期。

题的做法。陈佛保等认为："作为邻避现象最早出现和解决邻避冲突最为成功的国家,美国在如何避免市政设施建设导致的邻避冲突方面有许多经验值得中国借鉴。"①解然等则研究了发达国家破解邻避效应的有关案例,他们认为,"邻避效应"最早起源于西方国家,美国、加拿大、日本、欧盟国家等在工业化、城镇化进程中,也都曾遭遇因垃圾填埋场、污水处理厂、重化工业园区立地选址困难造成的邻避问题,部分也引发了严重的公共危机事件。研究发达国家的相关经验,对正处在社会转型时期的中国破解邻避难题具有重要的借鉴意义。②李琳等研究了日本邻避项目环境保护公众参与制度对中国的启示,认为应该从建立贯穿项目建设始终的公众参与法律制度体系、完善公众参与代表选拔机制、发挥环保社会组织的力量、推动公众参与意识和能力的提高等四个方面完善邻避项目公众参与法规制度。③

第二节
邻避原因的相关探讨

邻避冲突建立在两个对立的前提下:(1) 公共设施本身是社会所需,且能产生重要的社会效益——"公共善";(2) 自私的社区褊狭主义阻碍了社会公益实现的可能性——"个人恶"。作为公共利益的代言者,地方政府在邻避冲突中扮演着"裁判者"角色。样本文献对邻避冲突的原因研究大致上按照参与角色指标展开,该指标又分解为

---

① 陈佛保、郝前进:《美国处理邻避冲突的做法》,载《城市问题》2013年第6期。
② 解然、范纹嘉、石峰:《破解邻避效应的国际经验》,载《世界环境》2016年第5期。
③ 李琳、刘海东、赵旭瑞:《日本"邻避"项目环境保护公众参与制度对中国的启示》,载《世界环境》2018年第6期。

第二章
基于内容分析的中国邻避及其治理研究

民众、政府、组织三个子指标体系。辅以社会转型的时代背景,子指标体系分解为可以测量的四个要素。

1. 民众

民众方面,主要探讨民众对邻避设施的认知及权利意识的觉醒。例如,何艳玲在2012年的一篇论文中分析了"一般人群"在邻避冲突中如何形成反对的动机,指出业主由于"我怕"的认知建构而形成不同程度的反对动机。[①] 黄岩认为"邻避运动是一个公众和政府学习的过程",并援引弗罗伊登伯格(W. Freudenburg)和帕斯特(S. Pastor)两位学者的观点指出,"他们从环境意识的觉醒和民众对其自身权利的重视两个方面来看待邻避现象所产生的效果,他们认为邻避运动是一种累积的社会学习过程"。[②] 民众根据感知风险、感知挫败以及对政府、环保机构的不信赖感产生"邻避情结"。尤其是面对一而再再而三的"政治冷漠",民众自然形成被漠视感,当负面情绪发酵到一定程度便会引发表达反对的集体行为。斯科特(Scott)认为,强烈的生存危机使地方"剧场政治"不再受用,只有顺应人心进行沟通疏导,才能有效解决民众受到生存伦理威胁的不安和恐惧。[③] 事实上,对邻避设施的认知与民众权利意识的觉醒是一致的,因为民众意识到邻避设施危害性的同时,其环境保护与个人利益维护的权利意识也在逐渐强化。毛庆铎、马奔认为,风险认知偏差首先源自专家与民众在风险定义上的分歧。在探讨风险问题时,双方没有确立一个标准前

[①] 何艳玲:《从"不怕"到"我怕":"一般人群"在邻避冲突中如何形成抗争动机》,载《学术研究》2012年第5期。

[②] 黄岩、文锦:《邻避设施与邻避运动》,载《城市问题》2010年第12期。

[③] 毛春梅、蔡阿婷:《邻避运动中的风险感知、利益结构分布与嵌入式治理》,载《治理研究》2020年第2期。

从"邻避"到"邻里"
中国邻避风险的复合治理

提,对风险概念的理解也没有统一,造成风险沟通的无效。① 邻避风险认知偏差源于周围环境的不确定性、个体理性与知识的有限性,不同利益相关者的风险认知参数不同,如权重、相关程度、函数关系、组合原则以及一致性等。分析这些参数,可以科学量化地表达认知偏差。

2. 政府

政府方面,决策过程中的专家型决策——"决定—宣布—辩护"(decide-announce-defend)模式②,被众多研究者提及。王奎明研究发现:"政府决策模式依然处于第一阶段,具有三个明显特点:第一,初期政府与专家封闭决策;第二,公布决策时强调社会利益和民众责任;第三,应急性地解释以应对民众抵抗。"③正是由于地方政府决策过程的不透明,导致部分民众对地方政府的信任缺失,即使是合理的解释也会被认为地方政府存在"寻租"获利,从而引发冲突。按照李小敏、胡象明的观点,民众对政府的信任包括具体和一般两个层面。④具体层面就邻避风险来说,如民众对政府和专家进行的风险评估结论的信任;一般层面则包括民众对政府行政理念和行政行为的信任。行政理念是政府一切活动的前提。公共性理念是行政理念的核心。在民众权利意识不断觉醒的今天,想要破解中国目前处理邻避事件的"立项—抗议—停止"模式,政府和专家必须就如何获得民众信任

---

① 毛庆铎、马奔:《邻避风险认知偏差与沟通:社会判断理论的视角》,载《北京行政学院学报》2017 年第 5 期。

② 娄胜华、姜姗姗:《"邻避运动"在澳门的兴起及其治理——以美沙酮服务站选址争议为个案》,载《中国行政管理》2012 年第 4 期。

③ 王奎明、于文广、谭新雨:《"中国式"邻避运动影响因素探析》,载《江淮论坛》2013 年第 3 期。

④ 李小敏、胡象明:《邻避现象原因新析:风险认知与公众信任的视角》,载《中国行政管理》2015 年第 3 期。

第二章
基于内容分析的中国邻避及其治理研究

展开思考并行动起来。

循着地方政府获利的线索,有学者探寻制度层面的原因:GDP激励的官员晋升机制导致地方政府官员更加注重可以量化的经济建设指标,而忽略了公共服务供给、善治等社会管理指标。作为维持社会稳定和调节社会矛盾"仲裁者"角色的行政主体,政府常处于仲裁者和利益相关者"双重人格"焦虑症下,在压力型体制路径依赖下保证各类政治任务和政治激励的完成。同时,利益诉求机制不畅也被部分学者认为是导致邻避冲突的一个原因。佟林杰认为,在邻避冲突发生的初期,如果政府积极回应,尽快了解民意诉求并予以满足,那么邻避冲突便会消弭在萌芽状态,不会演变为大规模的群体性事件。[①]但是,在邻避冲突发生初期,面对社会和网络的问责,政府一开始可能不是积极应对,而是相互推诿,这非但不能解决冲突,反而会激化矛盾。

王佃利、王玉龙、于棋认为,邻避困境的根源在于管理者根深蒂固的"邻避管控"思维。这种思维方式使得地方政府往往将邻避现象"物化",将其视作影响地方发展和社会稳定的负面事件,是阻碍地方政府职能履行、破坏政府公众形象的"负能量",是需要政府加以管理和控制的对象。这进而导致了地方政府"自上而下"的单线式回应逻辑,以封闭式的决策过程推进邻避设施的建设,以教育、劝说、通知等单向的信息传递作为沟通的主要手段,且只有当面对居民大规模集中反对时,才被动地采用协商、听证等方式同公众对话。[②]

[①] 佟林杰、孟卫东:《城市发展中"邻避冲突"风险及应对策略》,载《城市》2013第3期。

[②] 王佃利、王玉龙、于棋:《从"邻避管控"到"邻避治理":中国邻避问题治理路径转型》,载《中国行政管理》2017年第5期。

3. 组织

组织方面，经济补偿不到位及企业社会责任感的缺失也被部分学者认为是导致邻避冲突的原因。他们认为，邻避设施具有很强的负外部性，受害群体感觉自己付出的成本比其他人的要多，结果却得到和其他人同样的利益，形成利益的不公平感，担负成本的群体相对剥夺感就会较高，这种不对称的收益—成本结构使受害的少数人团结起来，为共同抵制邻避设施的有效运作提供了必要条件。

党的十九大报告提出，要"构建政府为主导、企业为主体、社会组织和公众共同参与的环境治理体系"[①]，期待环保NGO积极参与化解邻避困境。尽管如此，制度障碍和能力不足等因素使得在诸多邻避冲突治理中几乎看不到环保NGO的身影，行为限度、信任限度、议题限度与能力限度制约了环保NGO在邻避冲突治理中的功能发挥。

4. 社会转型

当前中国正处于社会发展转型的大背景之下，中国的城市社区面临着两大制度变迁的挑战，其一是单位制影响的逐渐弱化，其二是伴随着单位制影响弱化而掀起的社区建设运动，在这两个向度的影响下，城市居民逐渐从"单位人"转变为"社会人"，他们越来越关心自己所居住的社区及其品质，社区内产生的公共问题和冲突也越来越多。[②] 邻避设施因特殊的负外部性和成本收益的不均衡特征造成了资源的空间分配不公，因此，社会转型背景下的公平正义问题被

---

① 《习近平在中国共产党第十九次全国代表大会上的报告》，http://cpc.people.com.cn/n1/2017/1028/c64094-29613660.html，2020年12月6日访问。

② 何艳玲：《"邻避冲突"及其解决：基于一次城市集体抗争的分析》，载《公共管理研究》2006年第4卷。

第二章
基于内容分析的中国邻避及其治理研究

17.7%的研究者所探讨。伴随公众权利意识和自我价值意识的进一步提升,传统的以"公利—私利"对抗为核心论点的风险感知和利益冲突理论对于解释新生的邻避现象已经略显乏力,单纯的利益补偿机制也愈发难以应对公众的价值诉求,相反,当下的邻避事件愈发表现出各利益主体间的价值张力,参与、权利、公平等价值诉求愈发成为邻避事件中的争议焦点,其与各级地方政府奉行的经济价值和效率价值之间的对抗化已然成为邻避问题的主要表征。① 表2-2展示了邻避运动产生原因的研究情况。

表2-2 邻避运动的产生原因

角度	原因	占比
民众	对邻避设施的认知	20.3%
	权利意识觉醒	8.1%
	群体性压力	1.4%
	居民教育水平不高	1.4%
政府	决策模式	17.6%
	重经济建设轻社会管理	12.2%
	信任缺失	10.4%
	利益诉求机制不畅	4.1%
组织	经济补偿问题	5.4%
	企业社会责任感缺失	1.4%
社会转型	公平正义	17.7%

资料来源:作者自制。

---

① 王佃利、王铮:《中国邻避治理的三重面向与逻辑转换:一种历时性的全景式分析》,载《学术研究》2019年第10期。

第三节
邻避风险的治理之道

具有邻避性的环境冲突,在过去数十年中,已困扰许多发达国家,促使它们变革现有之制度,以期从制度层面改善对冲突的化解能力。西方学术界对邻避问题的研究已经有四十多年,成果也颇丰富。邻避问题的产生既有制度化的因素也有非制度化的因素,单一的政策工具并不能解决城市化进程中的邻避冲突。按照治理主体角色不同,已有研究从公众、政府、社会组织三个子指标探寻解决和缓解邻避问题的路径和机制,具体如表2-3所示。

1. 公众

公众方面,构建项目建设过程中的多元主体参与机制及对受影响的民众进行合理补偿被研究的最多。中国环境影响评价制度建设仍处于起步和探索阶段,其根本原因是公众参与机制不足。公众参与机制的建立可以有效保障公众的知情权,减少决策执行的对抗性隐患,同时也将设施运作的整个过程置于公众的监督之下,能有效防范"权力寻租"。同时,众多研究指出,鉴于政府与公众的技术知识水平限制,公众参与下的公共设施建设决策的科学性水平会受到限制,因此需引入第三方参与机制,以提高决策的科学性水平。已有研究指出,补偿是最早用来解决邻避问题的方式。[①] 补偿机制分为经济性补偿与非经济性补偿,大部分文献赞同传统的经济性补偿。然而,随着社会发展,"经济人"已开始向"社会人"甚至是"自我实现人"转变,公

---

① 陈佛保、郝前进:《美国处理邻避冲突的做法》,载《城市问题》2013年第6期。

第二章
基于内容分析的中国邻避及其治理研究

众更加重视生活环境和生活品质,已有文献明确提出应该侧重于非经济性补偿。例如,在邻避设施影响区域周边修建受欢迎的基础设施,如地铁、公园、图书馆等;给予当地居民一定的医疗卫生、社会福利补偿。

2. 政府

政府方面,已有研究就政府如何化解邻避冲突引致的社会风险提出了14条需要遵循的路径。之所以地方政府有许多事情需要做,源自在已出现的邻避冲突案例中及社会转型背景下,地方政府角色定位及政策制定过程中的价值取向出现问题。信息公开制度建设、构筑风险管理体系及优化决策流程与模式被众多学者所提及,分别占比9.8%、9.8%和8.6%。提升政府公信力、政府转变观念、协调政府与公众利益、民主协商等四条对策是经常被提到的政府一般性治理方式,由此可见,服务型政府建设的内涵是多方面的,需要多层次地改进地方政府执政水平与能力。公平布局公共设施、科学规划、法制建设、提升环境刚性监管、基层管理、竞争性选址程序等则是具体的技术性处理手段。总而言之,邻避冲突只是中国公共治理问题的一个方面,从根本上解决邻避问题,需要遵循十八届三中全会提出的"全面深化改革的总目标"之一,即拥有现代化治理能力的政府建设:"切实转变政府职能,深化行政体制改革,创新行政管理方式,增强政府公信力和执行力,建设法治政府和服务型政府。要健全宏观调控体系,全面正确履行政府职能,优化政府组织结构,提高科学管理水平。"①

3. 社会组织

社会组织的本质功能可概括为两个方面:一是社会协调功能,二是道德建设功能,只有人力加强社会组织建设,充分发挥社会组织的

---

① 《中国共产党第十八届中央委员会第三次全体会议公报》,http://www.xinhuanet.com//politics/2013-11/12/c_118113455.htm,2021年4月12日访问。

从"邻避"到"邻里"
中国邻避风险的复合治理

功能,才能促进社会和谐。

  学术界普遍认为,社会资本是一种解决集体行动困境、促进人类行动的结构性社会资源,是指不同层次的社会主体间紧密联系的状态及其特征,表现形式有社会网络、规范、信任、权威以及为某种行动所达成的共识等。鉴于邻避设施的利益相关者理性思维的导向性可能会影响利益相关主体双方的决策和行为,因此有多位研究者指出应该引入毫无利益相关的第三方机构,以保证邻避设施风险评估、预测等方面的可信度。同时,当邻避设施产生影响时,第三方机构可以起到桥梁的作用,缓解政府与公众的对立情绪,有利于邻避冲突的化解。

  开放型社会参与网络下,邻避项目周边居民具有流动性强、知识背景构成复杂的特点,而多样化的居民参与可以减少"公地悲剧"的发生。加强对社会组织的培育,可以弥补社会稳定风险致因的结构缺失。在正式组织无法实现其治理效能的前提下,积极获取社会结构中的工具性行动,即通过充分发挥非正式组织(如社区中的业委会、志愿联盟)等的桥梁作用,建立稳固信任,辅之以适时的政策疏导与宣传,继而完善正式制度,就可以使公众在权衡邻避项目的过程中更为理性,提高公众研判项目利弊的能力。[①] 所以需要充分发挥环保NGO 的协商功能。张紧跟认为,环保 NGO 作为代表社会公共利益的主体之一,可以在地方政府、企业、公众之间构筑起沟通的桥梁,有助于将议题从引发邻避冲突的"环境维权"拓展为有利于形成共识的"环境保护",把分散的关切环境的公众舆论凝聚成"舆论风暴眼",进

[①] 张广文:《社会资本视阈下邻避冲突治理路径研究》,载《首都师范大学学报(社会科学版)》2017 年第 4 期。

第二章
基于内容分析的中国邻避及其治理研究

行集中的利益表达,既敦促地方政府改善治理,又为公众参与提供空间。① 在邻避冲突协商治理中,环保 NGO 通过充分发挥贴近基层的优势,搭建对话和交流的平台,通过多层次、多利益群体的讨论,有助于减少地方政府和公众的误解,化解双方矛盾,促使地方政府和公众达成共识。

表 2-3　邻避运动治理机制分类

主体	治理机制	占比
公众	公众参与	20.1%
	合理补偿	18.4%
	公众认同与情感支持	2.3%
政府	信息公开制度建设	9.8%
	构筑风险管理体系	9.8%
	优化决策流程与模式	8.6%
	科学规划	4.6%
	公平布局公共设施	4.0%
	政府转变观念	3.4%
	协调政府与公众利益	3.4%
	民主协商	3.4%
	提升政府公信力	3.5%
	法制建设	2.3%
	提升环境刚性监管	1.8%
	基层管理	1.7%
	竞争性选址程序	0.6%
	发展新型工业化	0.6%
社会组织	第三方介入	1.7%

资料来源:作者自制。

---

① 张紧跟:《邻避冲突协商治理的主体、制度与文化三维困境分析》,载《学术研究》2020 年第 10 期。

从"邻避"到"邻里"
中国邻避风险的复合治理

胡象明、杨正、刘浩然提出了整体性和类型化治理的思维。他们认为,在大数据背景下,既有的整体性和类型化治理思维,可以为未来邻避问题的处理提供有益的指导,利用类型的转化可以将未来式的、不分属既有类型范畴中的邻避问题纳入既有的治理逻辑框架。类型化治理思维并不是刻意强调分类的重要性,而是注重挖掘邻避问题的核心特征,如解决科研邻避问题,可以依据特征采取有效的应对机制,对症下药,达到事半功倍的效果。①

第四节
中国邻避研究未竟之路

自从迪尔和泰勒将邻避冲突看成城市冲突的特定形式并进行分析以后,国外学术界掀起了一系列关于邻避现象的热烈讨论。② 伴随着中国城市化的推进,"中国式"邻避运动也逐渐进入相对活跃的阶段,学者们能够及时对相关问题进行较为深入的研究,充分说明中国学术界对现实问题的理论自觉。总体来看,中国学者大体上沿着邻避冲突的属性特点、原因分析与治理对策等几个方面展开了较为深入的研究。纵观已有研究,对邻避冲突的原因及治理建议均取得了一定的研究成果,但不可否认的是中国对邻避问题的研究还较少,研

---

① 胡象明、杨正、刘浩然:《中国式邻避治理的整体性与类型化思维的系统比较》,载《城市问题》2019 年第 11 期。

② E. g., B. J. Gleeson and P. A. Memon, The NIMBY Syndrome and Community Care Facilities: A Research Agenda for Planning, *Planning Practice and Research*, Vol. 9, No. 2, 1994, pp. 105-118.

第二章
基于内容分析的中国邻避及其治理研究

究的规范性及实证性水平还有待提高。

（1）研究视角丰富，涵盖了政治学、公共管理、社会学、法学、传播学、城市规划等不同学科，表明邻避问题已经引起学术界不同学科研究者的共同关注，从不同学科进行分析也有利于丰富邻避问题的化解路径，达到学术争鸣的目的。

（2）研究资料收集方法较为科学、分析方法多样，人文主义与实证主义研究方法相结合。鉴于城市经济发展水平、历史文化传统等因素的影响，不同城市的邻避运动表现出较大的差异性，而已有的实证研究大多是基于国内近年来发生的某个邻避事件进行纯粹事件的学理分析，缺乏从这些特殊个案中寻找到中国式邻避运动共性规律的探讨。虽然已有 8.2% 的研究采用了定量方法，但多是从城市规划学科视角研究邻避设施的选址规划问题。从公共管理学科角度来看，定量研究已成为新公共管理较为流行的方法，因此，邻避运动相关研究者亦需要从这方面予以突破，以丰富相关研究。

（3）原因探讨与对策分析方面，大体上仍然沿着西方相关研究的路径，研究从规划选址源头上如何预防邻避运动、在过程中如何规避邻避运动转化为邻避冲突，以及冲突爆发后如何化解。然而，不可否认的是中国特色社会主义制度决定了我们的邻避冲突研究有特殊性，须考量中国的政治、经济、社会等大环境，实地调研，充分挖掘中国邻避冲突的特殊性，并从中找到符合中国实际的规律。

为帮助地方政府解决邻避运动，推进和谐社会建设，对中国邻避运动研究者而言，可以从更加细致的研究选题上予以突破：

（1）邻避冲突的预防机制研究。十八届三中全会指出，"要改进社会治理方式,激发社会组织活力,创新有效预防和化解社会矛盾体制"①。因此,源头治理与基层治理是贯彻中央精神的有力注解,这需要对邻避冲突的构成要素进行系统研究,借鉴危机管理的定量研究方法,构建相关预警指标体系。

（2）邻避运动的公众参与问题。解决"个人恶"与"公共善"对立较为可行的路径就是公众参与,已有研究已经认识到公众参与的重要性,然而公众参与的方式、过程及参与过程中的具体问题仍需厘清,开展此方面的研究有利于为地方政府提供可借鉴的路径。

（3）邻避运动过程中社会组织的作用机理。第三方机构在社会发展中的作用已经被决策层及学术界认可,已有部分研究也指出应该在邻避运动过程中引入第三方机构,可以对第三方机构在邻避运动中的角色定位、资金来源以及如何搭建协商性平台等方面进行深入研究,以得出有益的结论。

---

① 《中国共产党第十八届中央委员会第三次全体会议公报》,http://www.xinhuanet.com//politics/2013-11/12/c_118113455.htm,2021年4月12日访问。

第三章
邻避设施建设中的风险感知与风险沟通

第一节
风险及其内涵

一、风险的概念

厘清风险的概念对于理解公众如何与邻避设施项目进行互动以及政府的风险治理过程至关重要。技术天生就是一种风险来源,因为新的技术产品经常会产生意想不到的后果。瞬息万变的技术环境往往会带来额外的风险,虽然它创造了无数的社会、经济和政治机会,但它也威胁着人类的健康与福祉。① 因此,随着多种技术系统的相互作用,技术的快速变革会带来种种复合风险。以核电技术为例,在 20 世纪初期,放射性元素的发现导致了核裂变技术的发展。1986 年切尔诺贝利核事故、2011 年日本福岛核事故等,均揭示了核技术的发展对人类社会的潜在灾难性影响。核电站周围癌症患者增多、核电站所在社区的社会污名化,会对设施周边的居民造成压力和焦虑。这些社会、心理和经济压力源于民众的风险感知。虽然核裂变产生的巨大能量本身具有潜在的危险性,但核科学还提供了核能发电、利用射线治疗疾病等许多其他方面的积极用途。所以,民众对有争议技术的理解和反应需要考量社会关系、历史、政治和内在的伦理价值等多种因素。如果要尝试建造一座新的核电站,就必须对这些风险要素予以高度重视。

在过去的四十多年,学术界对风险进行了广泛但不尽相同的理论

---

① L. Orman, Technology as Risk, *IEEE Technology and Society Magazine*, Vol. 32, No. 2, 2013, pp. 22-31.

从"邻避"到"邻里"
中国邻避风险的复合治理

解释,并且对风险作出了来自社会科学和自然科学的多种定义。① 关于风险的定义众说纷纭,没有统一标准,纵观学者对风险定义的认识,可以归结为10种:(1)风险等同于预期的损失;(2)风险等同于预期的负效应;(3)风险是不利结果发生的概率;(4)风险是对不利结果严重性的概率测量;(5)风险是事件和结果的概率结合;(6)风险是概率 P 和后果 C 组成的情形 S 的集合;(7)风险等于事件/结果与附带不确定性的二维结合;(8)风险指结果、活动或者事件的不确定性;(9)风险是某些人类活动处于危险中并且结果是不确定的事件或者情形;(10)风险是有关某些人类价值的活动或事件的不确定性结果。②

按照瑞典著名风险学家汉森(Sven Ove Hansson)的观点,风险包含以下五个方面内容:(1)风险是可能出现的有害事件;(2)风险是可能出现的有害事件的原因;(3)风险是可能出现的有害事件的概率;(4)风险是可能出现的有害事件的统计期望值;(5)风险是在已知概率条件下的决策事实。③

由此可以发现,学术界关于风险的技术定义存在很大差异。对风险的管理通常倾向于对决策可能导致的结果进行量化分析。因此,学术界出现了一种趋势,即依靠统计模型来指导风险管理实践。用统计学的术语来说,如果可以将已知概率分配给实际决策的结果,则存在风险。因此,对风险的简单定义是"不良事件(即危害)的概率和

---

① O. Renn, Three Decades of Risk Research: Accomplishments and New Challenges, *Journal of Risk Research*, Vol. 1, No. 1, 1998, pp. 49-71.

② T. Aven and O. Renn, On Risk Defined as an Event Where the Outcome Is Uncertain, *Journal of Risk Research*, Vol. 12, No. 1, 2009, pp. 1-11.

③ Sven Ove Hansson, Risk and Safety in Technology, in A. Meiyers(ed.), *Handbook of the Philosophy of Science*, Vol. 9: *Philosophy of Technology and Engineering Sciences*, Elsevier, 2009, pp. 1069-1102.

第三章
邻避设施建设中的风险感知与风险沟通

后果(幅度和严重性)的乘积"①,根据简单的度量标准就可以进行风险计算:风险＝威胁×脆弱性×影响。在该等式中,威胁是风险发生的频率;脆弱性是针对特定群体、个人或组织的特定威胁的可能性;影响是脆弱性目标遭受特定威胁的总成本。从本质上讲,所有人类活动都可以纳入该风险评估的范围。更重要的是,为避免特定风险而进行的努力可能会产生衍生风险,这种风险可能更严重。因此,只能将风险控制或最小化,而不是完全消除。社会科学家通常将风险的概念视为技术发展过程中的效应,该过程会产生危害,因此人类行为和社会价值观是理解风险必不可少的因素。所以,需要对风险进行识别,并进行管理与缓解。

二、风险社会

1986年德国社会学家乌尔里希·贝克(Ulrich Beck)透过观察全球风险,提出了影响深远的风险社会理论。同年发生的切尔诺贝利核电站泄漏事故恰好与其理论相呼应,引发了更多学者对风险议题的关注。风险社会主要是指技术,尤其是转基因技术、核技术、纳米技术等现代技术带来的难以辨识、确定、防范与规避的风险,这些风险从根本上动摇了工业社会的规范、价值及秩序信仰的根基。贝克认为,技术与风险社会互为因果,一方面技术成为推动人类步入风险社会的动因,另一方面风险社会的主要表征为技术风险。贝克指出:"由于科技加速进步,生态危机出现,自然与社会对立变得成问题了。这时可以看出,我们称之为自然的东西,长期以来被归纳进工业化进

---

① J. Bradbury, The Policy Implications of Differing Concepts of Risk, *Science, Technology, & Human Values*, Vol. 14, No. 4, 1989, pp. 380-399.

从"邻避"到"邻里"
中国邻避风险的复合治理

程中去了,它变得危机重重。"①在风险社会中,技术风险与其他社会风险往往相互纠缠、相互转化。在贝克看来,技术决定论和社会决定论的观点都是片面的,技术和社会是"同一关注点的两种伟大传统",技术发展是一个"螺旋形过程",技术发展是社会需求、利益和冲突的结果与工具,技术既是原因,同时又是结果。"由于技术与社会因素的相互作用,因此,在风险社会中,风险一般都会从技术风险自我转换为经济风险、市场风险、健康风险、政治风险等。"②

另一位风险研究专家是安东尼·吉登斯(Anthony Giddens),他对于风险社会的研究,更多是在于研究理论的实践性。从现实来看,贝克的风险社会概念被更多人所熟知,也是在20世纪90年代初期吉登斯等人进入这一研究领域后才发生的,这显示出吉登斯理论的解释力要超出于贝克。③吉登斯认为,在全球化风险时代,人造风险占据主导地位,人造风险多于外部风险。人造风险包括一些大灾难,"比如全球性的环境危机、核裂变和全球经济崩溃。其他一些则会对部分人产生威胁,如食物、药品甚至婚姻"④。核战争是现今全球存在的全部危险中最直接和最可怕的,即使是局部核冲突也会给我们赖以生存的自然环境带来严重破坏,造成难以修复的局面,甚至还会威胁到所有高级物种的生存。⑤潜在的生态灾难会波及地球上任何地区,

---

① 〔德〕乌尔里希·贝克、约翰内斯·威尔姆斯:《自由与资本主义——与著名社会学家乌尔里希·贝克对话》,路国林译,浙江人民出版社2001年版,第21页。
② 〔英〕芭芭拉·亚当等编著:《风险社会及其超越:社会理论的关键议题》,赵延东等译,北京出版社2005年版,第334页。
③ 瞿华:《风险社会:可能及其可为的逻辑思考——兼论吉登斯的风险社会理论》,载《电子科技大学学报(社科版)》2013年第4期。
④ 〔英〕安东尼·吉登斯:《失控的世界——全球化如何塑造我们的生活》,周红云译,江西人民出版社2001年版,第31页。
⑤ 杨丽杰、包庆德:《吉登斯风险社会及其解决方案的生态维度》,载《自然辩证法研究》2017年第6期。

第三章
邻避设施建设中的风险感知与风险沟通

任何人都是无法逃避和幸免的。吉登斯指出,风险"潜在地影响着生活在地球上的每一个人,生态灾变或核战争便是如此"。吉登斯还分析了关于前现代与现代文化中的风险环境,前现代风险环境包括:来自自然的威胁和危险,诸如多变的气候环境、流行传染病以及洪水、飓风、沙尘暴等;人类冲突暴力威胁,诸如军事冲突、地方暴力冲突等;受到邪恶巫术影响而产生的风险。现代文化中的风险环境包括:来自现代化的反思性的威胁和危险;战争工业化所催生的人类暴力威胁;将反思性现代化贯穿于自身的个人无意义威胁。①

斯洛维奇(P. Slovic)等人提出的心理测量范式体现为表达性偏好(expressed preference)的风险分析方法,即通过标准化问卷来获得公众的风险感知偏好,以适应和满足社会发展的需要及要求。通过澄清影响风险感知的因素,为风险政策的制定提供基础,确保风险政策能够正确反映公众的心态,体现公信力,为公众接受和认可,最大程度发挥政策预期的社会效果。② 1987 年,斯洛维奇在《科学》上发表论文时提出,在现实生活中人们表现出不同的风险态度和风险感知,即对有些风险非常重视和警惕,而对有些风险泰然处之、无动于衷。同时,公众和专家对于风险的理解往往存在很大的差异。③因此,研究风险的一条重要路线是发展关于风险的类型学,借助类型学帮助研究者分析与理解人们对不同类别风险所产生的不同反应。而实现这一目标最普遍的方式是使用心理测量范式,以心理量表为主要工具获得原始数据,采取心理标准和多元分析技术,对感知到的风险、利

---

① 〔英〕安东尼·吉登斯:《现代性的后果》,田禾译,译林出版社 2011 年版,第 89 页。
② 伍麟、张璇:《风险感知研究中的心理测量范式》,载《南京师大学报(社会科学版)》2012 年第 2 期。
③ P. Slovic, Perception of Risk, *Science*, Vol. 236, No. 4799, 1987, pp. 280-285.

从"邻避"到"邻里"
中国邻避风险的复合治理

益以及其他方面(如活动的致命性)进行定量分析。斯洛维奇采用心理测量范式,得到不同风险的"人格画像",即每一种危险都有其独特的风险感知模式。研究显示,风险的普遍性特征之间存在着高度的相关性。通过主成分因子分析将这些定性特征可以分解为两个高阶因子:一个是"可怕性"(风险所引起的恐慌后果的程度),另一个是"熟悉性"(风险的已知和可控程度)。对公众而言,大多数风险可以在这个二维的因素空间内进行定位,进而总结出各种风险在这个二维因素空间内的"认知地图"(cognitive maps)。[①]

现在,学术界已经将风险确立为多维复杂的心理结构和一种社会话语形式。将风险重新定义为复杂的多维社会结构,需要关注与风险有关个体的信念、态度、看法、判断,以及重大的道德和社会治理问题。因此,研究风险的社会科学家和哲学家一直呼吁将更广泛的文化、社会和道德价值观纳入风险分析和管理过程。目前来看,已经出现了新的方法论工具,以扩展风险的技术、统计定义,并产生定性上更丰富,定量上更强大的风险管理实践,其中结合了包括"公众"在内的众多受影响参与者的态度、看法和价值观。这种风险研究的转移标志着风险理论阐释发生了重大变化,从道德批判转向对权力表达、利益诉求和相对剥夺感的恐惧。因此,学术界一直在关注如何建立突发事件的社会控制机制。在这种现已确立的风险范式中,研究人员通常主张在不同的利益相关者中对风险文化、价值和看法进行更具包容性、参与性和开放性的研究。当采取对话的机制与公众进行互动,以建立信任时,风险管理的协商方法便应运而生。所以,面对技术开发、实施中出现的公共争议时,政府的公共决策中将出现更多

---

① P. Slovic et al., Rating the Risk, *Environment*, Vol. 21, No. 3, 1979, pp.14-39.

第三章
邻避设施建设中的风险感知与风险沟通

的民主协商机制。① 因此,风险治理的重点是要研究公众的风险偏好,以便更好地理解技术专家和公众参与风险治理的实践方式。

第二节
风险感知中的不确定性

一、风险与不确定性的内在联系

从风险的定义中,可以发现技术风险函数中包含着不确定性,总体上可以归结为两点:一是结果的不确定性;二是发生概率的不确定性。不确定性是一个普遍的变量,它对邻避设施规划决策的有效性提出了重大挑战。利益相关者的参与又加剧了这种不确定性带来的挑战。其他利益集团的存在及其权利表达也带来了新的不确定性,从而影响了公共政策的结果。

风险和不确定性具有内在联系。除了风险的定量指标(如大小和概率)外,人们还考虑了风险的定性维度。斯洛维奇等提出了以下与感知风险有关的定性维度:自愿性、影响的直接性、个人认识、科学知识、对风险的控制、灾难性影响以及恐惧。② 佩哈克(Ralph M. Perhac, Jr.)指出,"对于某些群体而言,风险环境由自然生物圈组成,因此,环境问题在于物理系统(如空气水)和生物系统(如食物链、生物多样性)的退化",而"对另一些群体而言,风险环境则包括人类更广泛的

---

① P. Macnaghten and J. Chilvers, Governing Risky Technologies, in S. Lane, F. Klauser, and M. Kearnes(eds.), *Critical Risk Research: Practices, Politics and Ethics*, Wiley-Blackwell, 2012, pp.100-101.

② P. Slovic et al., Rating the Risk, *Environment*, Vol.21, No.3, 1979, pp.14-39.

生存条件和环境"。① 此外,专家与公众之间,对风险的理解也有所不同,当外行人在感知到迫在眉睫的风险时,他们往往不愿意接受仅仅是依靠"成本—收益"的简单权衡。② 公众对风险普遍持有"将来不要后悔"的心态,而不是基于对成本和收益的科学评估。③ 这些发现证明,个人对风险的看法对人们如何感知风险的客观性及可接受性至关重要。

在政策制定过程中影响利益集团行为不确定性的关键类型之一是与风险环境相关的不确定性。这种类型的不确定性对决策结果具有重要意义。对风险的感知与不确定性的感知必然相互关联。人们对风险可接受性的看法很大程度上取决于对风险的数量和质量等问题的看法。不确定性是无法完全量化风险的重要因素。要了解邻避设施所在地区内部风险意见的动态,需要更详细地了解当地行动者和其他群体关于风险的理解与互动。"建在后院"的设施最终取决于地方政府、项目开发商、媒体、非政府组织和居民等诸多利益主体之间的复杂相互作用以及居民对未来不确定性的理解。不确定性适用于决策过程中的利益主体行为,因此重要的是理解不确定性与风险之间的关系。

二、三种类型的不确定性

人们对风险分析技术的了解和经验将进一步影响人们对风险定量性质及其可接受性的认识。一个人对科学和技术术语的知识

---

① Ralph M. Perhac, Jr., Comparative Risk Assessment: Where Does the Public Fit In? *Science, Technology, & Human*, Vol. 23, No. 2, 1998, pp. 221-242.

② Howard Kunreuther and Ruth Patrick, Managing the Risks of Hazardous Waste, *Environment*, Vol. 33, No. 3, 1991, pp. 12-36.

③ Carl H. Nelson, Risk Perception, Behavior, and Consumer Response to Genetically Modified Organisms, *American Behavioral Scientist*, Vol. 44, No. 8, 2001, pp. 1371-1388.

第三章
邻避设施建设中的风险感知与风险沟通

和经验水平会影响他或她与专家互动并回应他们解释的能力。① 维尔达夫斯基(Aaron Wildavsky)和戴克(Karl Dake)在他们对风险感知理论的研究中进一步解释了个人经常对"事实"缺乏信任的情况。他们指出,关于风险的事实认知不足以影响个人的风险感知,因为"在一组事实的背后,总是有其他影响企业和政府的信任因素"②。从总体上看,影响风险感知的不确定情况主要包括了三种:解决方案结果的不确定性、参考者互动的不确定性以及承诺的不确定性。

第一种不确定性是解决方案结果的不确定性。在该模型中各种参数是已知的,并且各种方案的结果出现的概率是可以预测的。在绝大多数情况下,这种明确的数字隐藏了与专家预测结果有关的不确定性。决策的理性模型最初被用于解释结果不确定性对决策的影响。以理性的方式作出决定要求决策者能够列出所有机会;决策者确定了每个可能的行动方案及其所有后果;选择了利益最大化的结果作为行动的指向。如果使用理性模型作为指导,解决方案结果不确定性的影响将得到解决。但西蒙(Herbert Simon)提出了有限理性的原则,作为完全理性的替代方案。与所需的知识和有限的能力相比,完全理性所假设的条件不可能达到。西蒙将满意原则作为人类无法考虑所有可能选项的结果,并根据其个人偏好进行决策。在达至满意的过程中,个人专注于解决一系列狭隘的问题,而不是考虑全方位的选择和其他可能的潜在信息。③

为了应对解决方案结果的不确定性,参与者将以不同方式分析替

---

① Richard A. Carpenter, Communicating Environmental Science Uncertainties, *The Environmental Professional*, Vol. 17, No. 2, 1995, pp. 127-136.
② Aaron Wildavsky and Karl Dake, Theories of Risk Perception: Who Fears What and Why? *Daedalus*, Vol. 119, No. 4, 1990, pp. 41-60.
③ 周三多主编:《管理学(第五版)》,高等教育出版社 2018 年版,第 90 页。

从"邻避"到"邻里"
中国邻避风险的复合治理

代方案的信息,并且对特定结果也具有一些特殊的偏好。对涉及结果不确定性的典型响应是使用启发式程序将复杂问题进行简化处理。一个公认的启发式程序是基于前景理论,该理论的核心是指出了人们对损失比对收益更敏感的"确定性效应",它偏向某些信息,却又远离更多概率信息。[1] 确定性的效果也可以被描绘成一个人的偏好,即一定范围的狭隘利益,导致更广泛福利的损耗。参与者更注重追求自己的利益,重点关注符合自己预期的有限问题,因此,其所偏好的解决方案通常是狭隘的,而不是有利于整体的最优结果。由于参与者的偏见,决策过程中的替代方案可能不会被充分分析。这种不确定性创造了一个导致个体和群体之间冲突加剧的决策环境。

第二种不确定性是参与者互动的不确定性。互动的不确定性会影响参与决策过程的参与者之间的相互作用,并对参与者之间的利益兼容产生重大影响。这种不确定性会导致决策结果偏离最优。社会心理学的文献描述了参与者互动的不确定性对个人行为方式的影响。文献表明,不确定性的存在使个人追求自己的偏好优于追求他人的偏好。[2] 同样,韦德-本佐尼(Kimberly A. Wade-Benzoni)等引入了"希望"理论,该理论认为,在不确定他人行为的情况下,个人会选择他们自身想要的东西,而不是他们认为应该选择的东西。[3] 当参与者不确定他人的偏好以及他人可能会采取的行动时,就会着重于对

---

[1] Daniel Kahneman and Amos Tversky, Prospect Theory: An Analysis of Decision Under Risk, *Econometrica*, Vol. 47, No. 2, 1979, pp. 263-292.

[2] Ann E. Tenbrunsel, Trust as an Obstacle in Environmental-Economic Disputes, *American Behavioral Scientist*, Vol. 42, No. 8, 1999, pp. 1350-1367.

[3] Kimberly A. Wade-Benzoni, Ann E. Tenbrunsel, and Max H. Bazerman, Egocentric Interpretations of Fairness in Asymmetric, Environmental Social Dilemmas: Explaining Harvesting Behavior and the Role of Communication, *Organizational Behavior and Human Decision Processes*, Vol. 67, No. 2, 1996, pp. 111-126.

第三章
邻避设施建设中的风险感知与风险沟通

自身利益的追求。海因(Donald W. Hine)等发现,与环境决策过程相关的不确定性实际上创造了一个环境,在该环境中,个人以自私的方式行事,同时又制造了自己追求共同利益的假象。[1] 他们发现不确定性有助于减轻规范压力,从而掩盖了合作利益。布德斯库(David V. Budescu)等也发现,不确定性水平的提高导致公共资源的价值被高估和个人资源消耗处于较高水平。[2]

与互动不确定性相关的自私行为在邻避决策过程中可能会很明显地体现在参与者与建造者之间的讨价还价中,即他们的利益偏好往往会比他们愿意接受的更大。信任和沟通是影响参与者互动和决策的关键变量。具体来说,利益竞争者之间缺乏信任会增加争执并破坏信息共享的过程,而信息共享的过程则是不确定性的情况下成功进行谈判和解决矛盾冲突的基础。当信任缺乏时,竞争的参与者就可以灵活地选择有利于自身的行为。[3] 此外,由于互动的不确定性,当参与者之间存在利益冲突时,竞争方将无法估计其他群体的利益偏好,从而增加了决策结果的不确定性。因为在容易发生冲突的地方,信任缺乏通常会导致参与者隐藏其个人偏好。当存在冲突时,参与者可能会显示自己的立场,但不会显示自己的偏好。韦德-本佐尼等发现,由于促进了自私行为,决策过程不仅信息不充分而且结果

---

[1] Donald W. Hine and Robert Gifford, Individual Restraint and Group Efficiency in Commons Dilemmas: The Effects of Two Types of Environmental Uncertainty, *Journal of Applied Social Psychology*, Vol. 26, No. 11, 1996, pp. 993-1009.

[2] David V. Budescu, Amnon Rapoport, and Ramzi Suleiman, Resource Dilemmas with Environmental Uncertainty and Asymmetric Players, *European Journal of Social Psychology*, Vol. 20, No. 6, 1990, pp. 475-487.

[3] Ann E. Tenbrunsel, Trust as an Obstacle in Environmental-Economic Disputes, *American Behavioral Scientist*, Vol. 42, No. 8, 1998, pp. 1350-1367.

不公平。①

第三种不确定性是承诺的不确定性。这种类型的不确定性影响了参与者如何感知其他参与者对决策过程的回应。在邻避设施选址过程中,利益相关者关注的问题可能包括对设施监管的承诺、提供协商的信息、同意选址条件的补偿等。当不确定这些结果是否可能发生或相关原则是否被遵循时,参与者在选址过程的博弈中将采取不同的行动。可信承诺的一个关键因素是决策过程的参与者之间存在权力(利)不对称。当权力(利)分布不均时,试图达到相互可接受的结果的谈判进程受到威胁的可能性也较高。已有文献表明,与正式谈判过程中的权力(利)不对称相关联的因素显著提高了这些谈判的失败率。② 与谈判有关的实证研究表明,当各方认为其他群体拥有比他们更多的权力时,解决方案不太可能达到各方满意的结果。承诺不确定性会影响参与者的行为方式,使他们自私、信任降低和偏向于个体利益而不是社会最佳的结果。这种不确定性对参与者行动产生了影响。

第三节
专家决策的知识赤字模型

一、知识赤字模型

与邻避设施有关风险研究中的一个经常性主题是,"内行"专家

---

① Kimberly A. Wade-Benzoni, Ann E. Tenbrunsel, and Max H. Bazerman, Egocentric Interpretations of Fairness in Asymmetric, Environmental Social Dilemmas: Explaining Harvesting Behavior and the Role of Communication, *Organizational Behavior and Human Decision Processes*, Vol. 67, No. 2, 1996, pp. 111-126.

② Timothy J. Sullivan, *Resolving Development Disputes Through Negotiations*, Plenum Press, 1984, p. 37.

第三章
邻避设施建设中的风险感知与风险沟通

对风险的评估与"外行"公众所持的看法之间存在差异。自知识的社会建构论思想开始兴起以来,知识,尤其是宣称以客观、中立为优势的科学知识,开始与社会因素关联起来,其中重要的革命性观点来自对知识与权力问题的思考。在传统的观念中,科学知识只与自然界相关,权力是属于人类社会的政治问题。而以米歇尔·福柯(Michel Foucault)为代表的学者深入剖析了知识建构过程中的权力问题。[1] 传统上认为科学解决真理问题,而法律解决公正问题。法律途径是民主社会中解决争端的一种有效机制,也是将技术决策纳入民主控制的方式,能基本保证得到"法律上正确"、对社会秩序有益的结论。法律的解决模式必然引入专家之外的群体共同作出决定,与专家决策模式是不同的,甚至是冲突的。[2] 已有研究指出,专家可能具有偏见性,从而导致对特定结果可能性的高估或低估。当普通公众比其他利益相关者更少地获得科学信息时,可能导致其他利益相关者在政策辩论中轻视普通公众的担忧,因为后者可能不仅非理性,而且无知。

自20世纪80年代以来,科学沟通已经发展成为一项专业活动和一个学术课题,并引用生产者、消费者术语来解释技术传播任务。科学知识被视为一种产品,可以被良好地占有、分配和消费。专家决策模式中公众理解科学的模式被称为"赤字模型"(deficit model)。这种模型有两个重要特征:第一,模型的基本前提是公众对科学知识和判断能力的缺失;第二,知识的流动是单向的,从专家流向公众,并且二者之间有着清晰的界线。"上游"的科学家们向"下游"的非科学家们同时也是潜在的消费者制作、包装和运送知识。风险决策中公众角

---

[1] 〔法〕米歇尔·福柯:《规训与惩罚》,刘北成、杨远缨译,生活·读书·新知三联书店2003年版。

[2] 谭笑:《技术问题决策中的专家话语和公众话语——柯林斯〈重思专能〉的方案》,载《开放时代》2014年第6期。

从"邻避"到"邻里"
中国邻避风险的复合治理

度的引入是对传统缺失模型的反思,是对专家和外行截然区分的界线的突破。不过,虽然引入了公众的角度,打破了专家的垄断,但知识赤字模型的特征并没有消失,反而陷入了被掩藏的深层缺失模型。① 因为专家倾向于将风险计量的技术、定量方法视为风险评估、控制和沟通的主要基础。同时,专家之间观点的差异也会对风险传播过程产生影响。专家之间观点的争执与分裂经由媒体放大和扩散,会加深公众恐慌与对风险的想象。根据风险的社会放大理论,专家之间的争辩会增加公众对真相的不确定感与疑虑,并降低对官方发言人的信任。反之,如果公众已经开始对风险产生恐惧,那么他们很有可能对专家间的分歧更加关注。② 如果专家和公众对待风险评估不同的唯一的理由是知识的差异,那么消除风险感知的任何差异都应该通过提供全部信息来消除。但事实上,即使提供了这些信息,差异仍然存在。这表明,需要考虑其他因素,特别是个人基于不同来源信息判断造成的信任差异。

二、虽然专家专业,但专家的专业知识真的更好吗

虽然任何给定来源的实际专业知识可能是有争议的,但以专业知识来促进信任的方式在邻避风险沟通中非常常见。在风险评估的背景下,这涉及可以接受的风险评估程度,从而来区分危险性和安全性。在其他条件相同的情况下,能够更好地进行这种区分的群体被视为更专业,所以理应更受信任。但是,"更好"的标准是什么?信号

---

① 谭笑:《技术问题决策中的专家话语和公众话语——柯林斯〈重思专能〉的方案》,载《开放时代》2014 年第 6 期。
② 戴佳、曾繁旭、郭倩:《风险沟通中的专家依赖:以转基因技术报道为例》,载《新闻与传播研究》2015 年第 5 期。

第三章
邻避设施建设中的风险感知与风险沟通

检测理论为这个问题提供了可能的分析框架。该理论要解决的基本问题是描述决策者基于不确定的证据将信号与噪声区分开的辨别能力。例如,对于安全检查员如何可靠地将危险与安全区分开这一问题,信号检测理论中区分相关性能的参数有两个:一是灵敏度;二是响应标准或偏差。第一个参数反映了正确响应的总体可能性,因此在日常意义上更接近于知识或专业知识;第二个参数反映了风险偏差,对应于决策者是偏向于安全(将某些危险情况视为安全)还是风险(将某些安全情况视为危险)。重要的是,没有一个正确的响应标准,这取决于对成本和收益的综合判断,以及决策者可否采取更为保守或更具风险承受能力的方式、方法。[1]

怀特(M. P. White)和艾瑟(J. R. Eiser)扩展了这些想法,提出了"直观检测理论"(IDT)。[2] 该理论假设公众对负责管理或评估风险的个人或机构的信任取决于该个人或机构可直接识别的绩效评价。简而言之,如果个人或机构被视为对实际风险水平的敏感性较高,而且在他们选择标准或阈值时既不过分谨慎,也没有过度危险,那么他们的信任度水平通常较高。

然而,公众有限信任的重要原因是人们认为专家对技术影响的理解仍然有很多值得探讨的空间。科学知识总是有限的,专家也可能犯错误,他们自己也可能高估他们所拥有的专业知识水平。例如,虽然人们可以察觉出开发核技术的专家是完全诚实和有能力的,但仍

---

[1] J. R. Eiser et al., "Trust Me, I'm a Scientist (Not a Developer)": Perceived Expertise and Motives as Predictors of Trust in Assessment of Risk from Contaminated Land, *Risk Analysis*, Vol. 29, No. 2, 2010, pp. 288-297.

[2] M. P. White and J. R. Eiser, Marginal Trust in Risk Managers: Building and Losing Trust Following Decisions Under Uncertainty, *Risk Analysis*, Vol. 26, No. 5, 2006, pp. 1187-1203.

从"邻避"到"邻里"
中国邻避风险的复合治理

然可能会不同意他的结论,因为人们可能认为"他们自己也没有最终答案",这导致公众不同意其提出的所谓风险可以忽略不计的结论。技术发展的历史提供了多次技术危险的例子,最著名的当属切尔诺贝利事故以及发生在日本的福岛核电站事故。正是基于这样的逻辑判断,当科学家或者专家声明"没有风险"时,可能真正意味着"我们没有证据证明有风险",但公众往往将此解读为"我们没有证据证明其没有风险"。

柯林斯(H. M. Collins)在20世纪七八十年代对当代没有形成明确结论的、进行中的科学研究进行了跟踪研究,最有影响的是关于横向激励大气压(TEA)激光和引力波的案例分析。其中重要的判断就是,实验复制——作为一种重要的共识达成手段,包含了必不可少的"默会知识"(tacit knowledge)。① 仅仅依据公开发表的论文甚至科学家的笔记、实验记录等,并不能实现成功的实验复制。科学家之间的个人交往、亲身接触所传递的默会知识发挥了很重要的作用。也就是说,在争论阶段,即使科学家愿意,他们也无法将知识完全明确地传播给其他人。这一点构成了科学家和公众在知识储备上的落差。柯林斯认为公众通常拥有以下几种科学知识类型:标语式的知识(beer-mat knowledge)、流行的理解(popular understanding)和主流来源知识(primary source knowledge)。前两者通常会隐藏细节,也无法接触到默会知识,同时抹掉了科学家们的一些疑虑,也即"距离产生

---

① H. M. Collins, The TEA Set: Tacit Knowledge and Scientific Networks, *Science Studies*, Vol. 4, No. 2, 1974, pp. 165-186; H. M. Collins, Son of Seven Sexes: The Social Destruction of a Physical Phenomenon, *Social Studies of Science*, Vol. 11, No. 1, 1981, pp. 33-62.

第三章
邻避设施建设中的风险感知与风险沟通

美"。① 公众容易得到一些简化而明确的结论。然而,在没有取得共识的领域,对于不确定性的关注,默会知识通常是非常关键的,而技术决策问题正是对于争议论题的讨论。即便是通过阅读和钻研相关的专业期刊和学术性专著等,也无法获取这些默会知识,同时不与核心科学家沟通的话,对于阅读哪些文章这样的问题都需要漫长的摸索过程。默会知识的存在使得我们必须正视,技术问题的决策并不能简单依靠科学界内部获得立即的共识、科学家与公众间立即传递"唯一的正确答案"来解决。②

事实上,媒体在风险传播中的作用已经被相关研究正视。尽管专业知识有限和被视为最有可能夸大任何风险,但因为具有高度的开放性,媒体可以说获得了公众温和的信任。专家通过媒体发言进行风险传播,便于科学知识的普及和公众对话题的理解,然而媒体也可能为专家利用,成为其攫取名利的工具。皮耶·布迪厄(Pierre Bourdieu)用"互搭梯子"来形容新闻场域与各专业学者之间的关系,认为媒体与"乞求邀请"、善于表现的"明星学者"的"勾结"成就了一批"电视知识分子""快思手""媒介常客"。这些"明星学者"就像"特洛伊木马"一样将商业法则带入本来应该独立自治的专业知识场域,造成对知识场域专业性与独立性的挑战。③ 同样,德布雷(R. Debray)将那些热衷于在媒介亮相的知识分子称作"名流知识分子",他们通过媒体获取名声和资本,他们的言论不是激发,而是限制了公

---

① H. M. Collins and R. Evans, *Rethinking Expertise*, The University of Chicago Press, 2007, p. 20.
② 谭笑:《技术问题决策中的专家话语和公众话语——柯林斯〈重思专能〉的方案》,载《开放时代》2014 年第 6 期。
③ 戴佳、曾繁旭、郭倩:《风险沟通中的专家依赖:以转基因技术报道为例》,载《新闻与传播研究》2015 年第 5 期。

从"邻避"到"邻里"
中国邻避风险的复合治理

众独立的判断和表达。[1] 这种专家与大众传媒之间的利益共生关系,[2] 导致了专家对知识生产与传播过程的垄断。在专业门槛高、知识具有"不确定性"的领域,如生物科技领域,更是如此。媒体对单一消息来源的依赖,强调戏剧性、竞争、冲突和异常,导致公众对风险的扭曲认识。[3] 学者们指出,科学家作为"带着任务的信源",进入传播通道时可能并不仅仅是为普及科学而来,他们的任务和目的可能会更多地服务于科学社区的利益。[4] 科学家因此被专家头衔异化。基于传统工业社会科学理性基础的科学传播模式,无助于解决公众的信任危机问题。科学家与公众沟通不足、传播技巧的缺乏、驾驭新闻的能力不足等,造成专家主导模式在传播过程中的效果偏差。因此,学者们开始意识到风险传播以往偏重的"科技范式",即强调专家知识及专业权威的局限性,呼吁风险传播的"民主范式",即强调政府、专家与民众互动,民众参与风险决策的范式。[5]

科学家虽然被普通公众信任并被视为具有专业知识,但他们的专业知识不是唯一的,也不是足够的,也有充分不被信任的理由。尽管如此,值得注意的是,在他们的风险解释和沟通中,科学家仍然被视

---

[1] R. Debray, *Teachers, Writers, Celebrities: The Intellectuals of Modern France*, Verso, 1981, pp. 823-828.

[2] 叶慧珏:《新闻点评中大众传媒和专家学者之间关系的异化可能》,载《新闻大学》2007年第2期。

[3] 郭小平:《"风险传播"研究的范式转换》,载《2006年中国传播学论坛论文集(Ⅰ)》,2006年,第94页。

[4] H. Molotch and M. Lester, News as Purposive Behavior: On the Strategic Use of Routine Events, Accidents, and Scandals, *American Sociological Review*, Vol. 39, No. 1, 1974, pp. 101-112.

[5] 戴佳、曾繁旭、郭倩:《风险沟通中的专家依赖:以转基因技术报道为例》,载《新闻与传播研究》2015年第5期。

第三章
邻避设施建设中的风险感知与风险沟通

为具有显著的偏见。所以,认知过程中的信息解读和风险沟通中的信任一样重要,它不仅仅取决于任何基于风险感知的信息质量,还有沟通者的特征、他们所扮演的社会角色以及他们与公众之间的关系互构。

第四节
邻避设施建设中的风险沟通

风险是一种不确定的状态,在这种状态下人们感觉容易受到伤害或破坏。学术界对风险有客观和主观的观点。基于技术和工程方法的客观观点认为,可以量化不确定性。专家们强调应该在对风险结果和概率进行系统和定量分析的基础上制定和实施政策。但是,这往往导致政府不得不面对意料之外的公众反应和抵制问题。风险社会理论中的风险并不是实在的,而是建构的。贝克指出:"必须看到,风险绝不是具体的物;它是一种构想,是一种社会定义"[①]。风险不仅仅在技术应用的过程中被生产出来,而且是在赋予意义的过程中被生产出来,还会因潜在危害、危险和威胁的技术敏感性而被生产出来。当个人、组织、国家从不同的角度来认识和应对风险并出现分歧时,就会产生风险冲突。风险建构的过程总是伴随着风险冲突,因为"每一个利益团体都试图通过风险的界定来保护自己,并通过这种方式去规避可能影响到它们利益的风险。……这种多元论在风险的领域里是明显的;风险的紧迫性和存在随着不同的利益和价值而变化

---

① 薛晓源、周战超主编:《全球化与风险社会》,社会科学文献出版社2005年版,第12页。

从"邻避"到"邻里"
中国邻避风险的复合治理

不定"①。作为回应,学术界将注意力转向心理学,以研究主观感知和风险评估。从这个角度来看,主观评估通常被定义为"风险感知"②。最近的政策研究文献通常将风险感知理解成民众基于主观理解而不是基于客观分析感知到的风险水平。

政府和公众对风险工具的认识不同,导致政策制定过程中参与者之间发生冲突,并产生了过多的社会成本。根据斯洛维奇的观点,风险感知包括基于恐惧的感知和基于未知的感知。③ 换句话说,与政府和专家不同,公众不从技术和工程角度了解风险设施的危害。相反,公众会根据个人的主观理解来认识风险设施的危险。因此,为了减少公众与政府之间在风险感知方面的差距,政府需要与公众一起创建一个可以共同讨论的平台,而不是政府简单地提供诸如风险数据之类的客观信息。因此,学术研究发展过程中出现的一个重点概念是"风险沟通",以凝聚政府与民众之间的共识。尤其是现代风险沟通,如公众参与决策过程和深入审议的过程,而不像风险传达一样仅被视为被动接受对象。在风险沟通时,公众不是一个被动的接受者,而是一个平等和关键的参与者。换句话说,风险沟通不是作为传达客观事实的交流对象,而是作为与公众互动和讨论的过程。这是一个重要的理论和政策因素,可减少由于公众的恐惧和不准确的信息而带来的负面风险感知。科韦洛(V. T. Covello)、温特费尔特(D. Winterfeldt)和斯洛维奇将风险沟通定义为关于物理和环境风险程度的信息交换,其中包括风险的重要性描述,以及用于控制和管理风险

---

① 〔德〕乌尔里希·贝克:《风险社会》,何博闻译,译林出版社2004年版,第31页。
② J. S. Shim, Trust in Nuclear Power Plant, Perceived Risk and Benefit, and Acceptance, *The Korean Association for Policy Studies*, Vol. 18, No. 4, 2009, pp. 93-132.
③ P. Slovic, Perception of Risk, *Science*, Vol. 236, No. 4799, 1987, pp. 280-285.

第三章
邻避设施建设中的风险感知与风险沟通

的决策、行为和相关政策。① 1989 年,美国国家研究委员会(National Research Council)出版了《改善风险沟通》,明确将风险沟通定义为:"在关注健康或环境的个人、群体、机构之间交换信息和意见的互动过程。"② 以此为标志,风险沟通的研究与实践开始转变,其具体表现为从倚重"专家决策"到关注"公众认知"、由政府的单向"独白"至双向"对话"。③ 风险沟通的重点是理解和解释个人和群体的风险感知,以减少公众的负面风险感知。

西方关于风险沟通的研究,主要关注互动交流和民主决策过程。杰弗斯(J. H. Gervers)提出了一些影响邻避设施接受性的负面影响因素,如政策制定者的单方面输出、使用非民主程序选择地点以及不公开的谈判。④ 伊斯特林(D. Easterling)和昆路德(Howard Kunreuther)提出,必须有合法的政策和公平的程序来增加对邻避设施政策的接受度。⑤ 古拉巴迪(Z. Gurabardhi)等认为,风险沟通已从技术角度演变为民主角度。⑥ 韩东燮(D. S. Han)等分析了交流对核

---

① D. W. Lee and G. H. Kwon, The Effect of Risk Communication on the Acceptance of Policies for High-Risk Facilities in South Korea: With Particular Focus on the Mediating Effects of Risk Perception, *International Review of Administrative Sciences*, Vol. 85, No. 2, 2019, pp. 337-355.

② National Research Council, *Improving Risk Communication*, National Academy Press, 1989, p. 4.

③ D. E. Williams and B. A. Olaniran, Expanding the Crisis Planning Function: Introducing Elements of Risk Communication to Crisis Communication Practice, *Public Relations Review*, Vol. 24, No. 3, 1998, pp. 387-400.

④ J. H. Gervers, The NIMBY Syndrome: Is It Inevitable? *Environment*, Vol. 29, No. 8, 1987, pp. 18-43.

⑤ D. Easterling and Howard Kunreuther, *The Dilemma of Siting a High-Level Nuclear Waste Repository*, Kluwer, 1995, pp. 95-122.

⑥ Z. Gurabardhi, J. Gutteling, and M. Kuttschreuter, An Empirical Analysis of Communication Flow, Strategy and Stakeholders' Participation in the Risk Communication Literature 1988—2000, *Journal of Risk Research*, Vol. 8, No. 6, 2005, pp. 499-511.

从"邻避"到"邻里"
中国邻避风险的复合治理

电接受与否的影响。他们发现,风险沟通影响了公众风险观念的形成,并降低了公众的接受度。但是,他们的研究集中于公众如何接受来自新闻媒体提供的核电信息,这意味着他们考虑了使用传统说服性方法进行的交流。① 金元济(W. J. Kim)等证实,对风险沟通的评价越积极,接受邻避设施的意图就越大。在他们的研究中,风险沟通包括信息的数量、开放性、可理解性、平衡性、多样性、选择性和专业知识。② 在上述研究中,风险沟通被定义为负责人和利益相关者团体之间关于控制和管理风险的决策、行为以及与之有关的一系列活动。众多研究考察了风险感知与政府信任之间的关系,并发现对政府的信任有效地降低了对风险的认知。尽管专业知识不足,但公众对风险管理者的信任度很高时,对风险的负面看法通常会比较低。西格里斯特(M. Siegrist)等仔细研究了对核能监管机构的信任,并得出了类似的结论。③ 此外,在对基因工程技术的研究中,厄尔(T. C. Earle)和西格里斯特发现,公众对政府的信任有效地降低了对风险的认识。④ 上述对先前研究的回顾表明,风险沟通会严重影响风险感知。

西方学者普遍认同如下三方面因素可在风险沟通中引致邻避冲

---

① D. S. Han and H. I. Kim, Risk and Communication: Communication Effects on Social Acceptance of Nuclear Power, *Crisisonomy*, Vol. 7, No. 2, 211, pp. 1-22.

② W. J. Kim, C. J. Lee, Y. H. Ha, and H. Cho, A Study on the Risk Communication Configuration Factor and Relationship Among the Factors: Focused on the Applies to the S-M-C-R-E Model Through the Analysis of Nuclear Risk, *Speech & Communication*, Vol. 11, 2009, pp. 80-123.

③ M. Siegrist and G. Cvetkovich, Perception of Hazards: The Role of Social Trust and Knowledge, *Risk Analysis*, Vol. 20, No. 5, 2000, pp. 713-720.

④ T. C. Earle and M. Siegrist, Morality Information, Performance Information, and the Distinction Between Trust and Confidence, *Journal of Applied Social Psychology*, Vol. 36, No. 2, 2006, pp. 383-416.

第三章
邻避设施建设中的风险感知与风险沟通

突的产生：(1) 公众日渐提升的环保意识和健康需求，这直接影响了他们对邻避设施的态度，成为导致邻避冲突的重要原因；①(2) 公众对邻避设施的主观感受，具体包括环境风险、健康风险等风险感知以及经济利益感知等，前者会引发他们的恐惧、焦虑等心理反应，后者可影响其对邻避设施的接受程度，最终左右其行为决策；②(3) 公众参与行为以及政治效能感知，即在公众逐步增加邻避设施相关知识与风险知识的情况下，他们能否参与到设施的决策过程中，以及对政府决策是否民主、公开、公平等的判断，跃升成为影响其决策的核心因素。③

我国学者在引入相关研究时，进行了"本土化"改进。刘培、于晶在梳理邻避事件案例时发现，有些地方政府和企业对于风险沟通存在三个认识误区：一是将风险沟通工具化，试图得到公众对兴建项目的正当性的认同和支持；二是对风险沟通理解片面化，未能将其置于项目管理的全过程，只是当作平息群体性事件的一种手段；三是风险沟通单一化，未能将其与风险评估和风险决策等同步开展。④ 有学者描述了地方政府、企业、公众风险沟通的"三输"局面——事前信息封闭秘密开工、事中极端表达拒绝沟通、事后软硬失衡进退两难。在此

---

① M. E. Vittes, P. H. Pollock Ⅲ, and S. A. Lilie, Factors Contributing to NIMBY Attitudes, *Waste Management*, Vol. 13, No. 2, 1993, pp. 125-129.

② J. B. Chung and H. K. Kim, Competition, Economic Benefits, Trust, and Risk Perception in Siting a Potentially Hazardous Facility, *Landscape and Urban Planning*, Vol. 91, No. 1, 2009, pp. 8-16.

③ T. Nakazawa, Politics of Distributive Justice in the Siting of Waste Disposal Facilities: The Case of Tokyo, *Environmental Politics*, Vol. 25, No. 3, 2016, pp. 513-534.

④ O. Renn and K. D. Walker(eds.), *Global Risk Governance: Concept and Practice Using the IRGC Framework*, Springer, 2008, pp. 46-48. 转引自刘培、于晶：《风险沟通的关键因素与策略框架——基于2007至2016年中国邻避事件的观察》，载《当代传播》2017年第5期。

从"邻避"到"邻里"
中国邻避风险的复合治理

过程中,因疏于科普而引发的情绪焦虑不断积累,因姑息谣言而导致的次生舆情不断发酵,因硬性平息而造成的官民矛盾不断加剧。试图通过话语策略和专家背书来消解风险,将风险沟通简化成修辞技巧和相机行事的策略主义乃是短视行为,更易使得项目被污名化。①

邻避冲突中风险沟通的认知偏差具有两个鲜明特征:一是最容易形成。利益相关各方都有自己的惯性思维、行事方式、话语圈子、利益与立场以及对彼此的刻板印象,在路径效应的潜移默化下,往往容易戴着有色眼镜看待对方,这是协商达成共识的大忌。二是最难化解。在邻避冲突场域中,强势方与弱势方一目了然,利益受损方通常是邻避社区居民,在邻避冲突处置实践中,他们都处于明显的弱势地位;同时,其他利益相关方极易"结盟"从而成为强势方,在道德优势的"强势助攻"下,已有的刻板印象会进一步强化,更难以换位思考、设身处地地理解弱势方。正是在这种不当的风险沟通舆论场景中,邻避社区居民的应激情绪反应与非理性怒火被点燃,邻避冲突频频爆发。若要善治邻避冲突中风险沟通的认知偏差,利益相关各方必须群策群力。一方面,应该建立起双向沟通的"新合作风险治理"模式,在政府、邻避企业、科技专家、邻避社区、普通公众之间构筑共同治理风险的网络联系和信任关系,建立资源、信息交流与互补的平台,探索与搭建有利于利益相关方定期沟通、平等对话、协商解决、全过程参与的多样化话语博弈平台,构建环境命运共同体;另一方面,以多种手段改变公众的风险认知,提供足以弥补邻避社区居民损失的心理补偿、利益补偿与环境补偿,促使他们冷静思考,并成长为化解邻避冲突的建设性力量。

协商就意味着在不同意见者之间能够达成某种共识,从而有所行

---

① 王启梁:《不信任背景下的权利意识生长》,载《中国法律评论》2016年第2期。

第三章
邻避设施建设中的风险感知与风险沟通

动。邻避困境中的协商就意味着在科学理性和社会理性的融合中找到出路。这不仅仅是一个沟通过程,更是一个政治过程。不同类型的邻避困境都存在一个共同的问题,就是风险由设施周边居民少数人承担,而项目所带来的利益则是在更大范围里分配。这就涉及风险和收益分配过程中的公平与正义问题,因而邻避困境天生与政治过程有关联。目前我国对于重大项目的公众参与,已经陆续有生态环境部《环境影响评价公众参与办法》(2019)、《国家发展改革委重大固定资产投资项目社会稳定风险评估暂行办法》(2012)、环保部《关于推进环境保护公众参与的指导意见》(2014)等一系列相关政策或法规作了战略性和原则性的界定。从中可以看到,在重大工业项目落地过程中,在国家政策层面对于民意是非常重视的,也体现了政府执政的方向,已经从政府、企业和技术精英的闭门决策转向面向社会公开、吸纳公众意见的开放决策。[①]

风险沟通中包含着信息的交换,但是信息交换并不等于风险沟通。风险社会理论强调风险沟通的目的不仅是风险信息或预案的告知、引导,而是通过交流来重新塑造决策者与实施者、专家与公众、政府与公众之间稳定的社会关系,维持彼此的信任关系。风险沟通的要求体现了公众参与社会决策的民主意愿,风险沟通的过程是对大众需求的政治回应。公众希望通过风险沟通确保能控制与潜在威胁人的联系,或者要求高层在作决策之前以及还有选择余地时能征求公众意见。风险沟通的主要产物不是信息,而是它所支持的社会关系的质量。风险沟通没有止境,它是一个能够推动关系持续增进的

[①] 邓理峰、王大鹏:《重思邻避困境的风险沟通与治理问题:基于核电的讨论》,载《南华大学学报(社会科学版)》2017年第3期。

从"邻避"到"邻里"
中国邻避风险的复合治理

赋权机构。①

  早期关于风险沟通的讨论主要集中在新闻传播领域。研究集中于说服性传播,即通过共享有关风险的信息和媒体报道来说服公众。但是,近来关于风险沟通的学术讨论正扩展到治理领域,从公共管理者和决策者的角度来看待利益相关者的参与过程。应通过让公众参与风险设施的选址决策过程以及相互协商来最大限度地减少负面风险感知。此外,在理论上认为风险设施的风险感知由对管理和运营风险设施的政府的信任程度所决定之后,关于风险沟通与风险认知之间关系的讨论就越来越需要理解和认识政府信任。信任是一个关键的心理因素,尽管它是一个不确定且脆弱的风险因素,但它可以减少对负面风险的感知并通过提升公众对政府的主观信任来承担风险。所以,第五章将专门讨论邻避设施建设中的政府信任问题。

---

① 强月新、余建清:《风险沟通:研究谱系与模型重构》,载《武汉大学学报(人文科学版)》2008年第4期。

第四章
邻避运动的风险评估研究

随着社会经济发展的加速,社会对邻避设施建设的需求增加,民众的环保意识开始觉醒。这样,民众对于邻避设施的规划和建设,就出现了若干理性和非理性的表达反对与不满的行为。党的十八大报告强调:"坚持走中国特色新型工业化、信息化、城镇化、农业现代化道路,推动信息化和工业化深度融合、工业化和城镇化良性互动、城镇化和农业现代化相互协调,促进工业化、信息化、城镇化、农业现代化同步发展。"①城镇化在带来经济利益的同时,也出现了一些反对邻避设施规划和建设的案例。从厦门PX事件、大连PX事件、番禺垃圾焚烧厂事件、什邡钼铜事件、启东排污事件到宁波PX事件、茂名PX事件、杭州中泰垃圾焚烧厂事件,中国邻避运动的高发期主要是在2007—2014年。已有的邻避冲突案例大致遵循着以下发展轨迹:政府悄悄上马邻避设施建设项目—项目遭到民众反对—官民博弈—事态升级引发冲突—地方政府妥协—项目取消或者暂缓,其结果往往是地方政府、居民、企业三方"共输",不仅阻碍了城市化的进程,更造成了巨大的资源浪费。

党的十八届三中全会将"完善和发展中国特色社会主义制度,推进国家治理体系和治理能力现代化"作为全面深化改革的总目标,四中全会提出"健全依法决策机制,把公众参与、专家论证、风险评估、合法性审查、集体讨论决定确定为重大行政决策法定程序"。在环境

---

① 《坚定不移沿着中国特色社会主义道路前进 为全面建成小康社会而奋斗——在中国共产党第十八次全国代表大会上的报告》,http://www.xinhuanet.com//18cpcnc/2012-11/17/c_113711665_5.htm,2021年4月12日访问。

从"邻避"到"邻里"
中国邻避风险的复合治理

问题日益突出、公众维权意识不断增强的"环境敏感期",如何改变地方政府的"邻避无意识"状态,设计公众参与项目建设和运营的路径,求得解决社会矛盾的最佳方法,成为决策层与学术界关注的热点。柯尔文·托夫勒(Alvin Toffler)曾指出,"由于不去预先考虑未来的问题和机会,我们正从危机走向危机"[1],因此,需要构建邻避运动的风险评估体系,寻求邻避冲突的化解之道。

第一节
邻避风险的研究路径

林内鲁斯-拜耳(Joanne Linnerooth-Bayer)指出,邻避现象不是纯粹的民众私下考量的反对行为,应该深究背后所隐含的意义与其他的影响因素。[2] 梳理文献发现,已有研究大致上从参与主体特征、政府与公众的互动、公众的风险认知等几个方面进行了研究。

一、参与主体的特征

邻避抗议者的收入、教育、阶层等个体特征,维权意识、环保意识、动员能力、社会资本等能力因素,以及抗议群体的规模、结构、同质性和从众性等特征都可能是危机升级的推动因素。[3] 王奎明、钟杨

---

[1] 〔美〕阿尔文·托夫勒:《未来的冲击》,蔡伸章译,中信出版社2006年版。
[2] Joanne Linnerooth-Bayer, Fair Strategies for Siting Hazardous Waste Facilities, in S. Hayden Lesbirel and Daigee Shaw(eds.), *Managing Conflict in Facility Siting*, Edward Elgar, 2005, pp.36-62.
[3] 侯光辉、王元地:《"邻避风险链":邻避危机演化的一个风险解释框架》,载《公共行政评论》2015年第1期。

第四章
邻避运动的风险评估研究

通过统计研究发现,性别因素、年龄因素等对民众参与反对邻避设施的活动存在显著影响。① 斯洛维奇早在1993年的研究中就指出:"一个人的受教育水平对其认知能力与认知层次存在重大影响,具体到邻避运动中,则影响其对风险的感知能力。"② 桑德曼(P. M. Sandman)认为同质性较强的地区更容易反对邻避设施设址的政策。③ 克林格迈尔(J. C. Clingermayer)对日本500个邻避设施选址案例的研究发现,有更多社会资本和跟外界联系更密切的社区具有更强的动员能力。④ 邻避群体行为具有群体运动的一般性特点,如群体中各个体之间的情绪感染和行为模仿。⑤ 邻避设施与居民的"安全距离"长短和负外部性的强弱是解释邻避危机的重要变量。⑥

二、政府与公众的互动

拉贝(B. G. Rabe)的田野研究显示,当某地居民得知某邻避设施选择在其所在社区兴建的时候,在没有心理准备的情况下,第一反应便是在诧异与愤怒情绪的支配下誓言反对到底。⑦ 政治对话虽然不

---

① 王奎明、钟杨:《"中国式"邻避运动核心议题探析——基于民意视角》,载《上海交通大学学报(哲学社会科学版)》2014年第1期。
② P. Slovic, Perception Risk, Trust, and Democracy, *Risk Analysis*, Vol. 13, No. 6, 1993, pp. 675-682.
③ 侯光辉、王元地:《邻避危机何以愈演愈烈》,载《公共管理学报》2014年第3期。
④ J. C. Clingermayer, Electoral Representation, Zoning Politics, and the Exclusion of Group Homes, *Political Research Quarterly*, Vol. 47, No. 4, 1994, pp. 969-984.
⑤ 沙莲香主编:《社会心理学》,中国人民大学出版社2002年版,第221—222页。
⑥ 黄有亮、张涛、陈伟等:《"邻避"困局下的大型工程规划设计决策审视》,载《现代管理科学》2012年第10期。
⑦ B. G. Rabe, *Beyond NIMBY: Hazardous Waste Siting in Canada and the United States*, The Brookings Institute, 1995.

从"邻避"到"邻里"
中国邻避风险的复合治理

是解决邻避冲突的灵丹妙药,但是可以促成动态协商的达成,①并提出具有创新性的方案促进邻避冲突的解决。协商性的对话渠道当然不仅仅局限在邻避冲突发生以后,更重要的是,在邻避设施兴建之初,就应该有类似的渠道让尽可能多的利益相关者可以参与到决策的议程中去,减少邻避冲突发生的可能性和解决冲突的成本。李小敏、胡象明从公众对政府信任的视角出发,分析了公众的认知与政府、专家认知的差异性,认为这种差异是"邻避事件发生的重要根源"②。正是认识到政府决策中存在的"利益取向"问题,已有部分研究者将目光聚焦于公众参与的领域,指出了"城市政府公共管理中'邻避'情绪的显性化是我国新公众参与运动的集中体现"③,并一致认为应该将"有效的公众参与融入到公共决策过程中"。赵小燕的研究更进一步,从"经济人""政治人""社会人"三种人性假设的视角分析了邻避冲突治理体系的构建。④

三、公众的风险认知

贝克在《风险社会:新的现代性之路》中强调"科学发展和技术创新的阴暗面"形成的技术和生态风险,风险是"有组织不负责任"的结

---

① 何艳玲:《"邻避冲突"及其解决:基于一次城市集体抗争的分析》,载《公共管理研究》2006年第4卷。
② 李小敏、胡象明:《邻避现象原因新析:风险认知与公众信任的视角》,载《中国行政管理》2015年第3期。
③ 刘小魏、姚德超:《新公民参与运动背景下地方政府公共决策的困境与挑战》,载《武汉大学学报(哲学社会科学版)》2014年第2期。
④ 赵小燕:《邻避冲突参与动机及其治理:基于三种人性假设的视角》,载《武汉大学学报(哲学社会科学版)》2014年第2期。

第四章
邻避运动的风险评估研究

果,有着深刻的制度成因。① 风险是现代社会的普遍特征,我国的重大决策所引发的社会稳定风险也引起了学者们的普遍关注。② "理解利益公众的风险认知是打开邻避问题黑箱的'钥匙'"③。汪伟全通过建立"风险放大、集体行动和政策博弈"的分析框架展示了环境类群体性事件的发展演化路径,指出群体风险放大是群体性事件的逻辑起点。④ 谭爽等以焦虑心理为核心,"分析了邻避项目的社会稳定风险从滋生、蔓延到扩散的生成机理,并以'事件链'理论为支撑,提出着手风险源头,纾解民众焦虑,辨别风险行为、趋利避害"⑤的主张。也有研究采用实证研究的方法,尝试对公众的风险认知进行量化识别。王锋等以北京六里屯垃圾填埋场为个案,对填埋场周边民众的焦虑情绪、风险认知和邻避态度三者的关联情况进行统计研究,认为个体的风险认知评估会显著地影响其邻避态度;⑥杨拓采用模糊德尔菲法,建构了邻避冲突行为主体间认知差异的评估框架。⑦

---

① Ulrich Beck, *Risk Society: Towards a New Modernity*, SAGE Publications, 1992, p. 512.
② 胡象明、王锋:《一个新的社会稳定风险评估分析框架:风险感知的视角》,载《中国行政管理》2014 年第 4 期;朱德米:《决策与风险源:社会稳定源头治理之关键》,载《公共管理学报》2015 年第 1 期。
③ 侯光辉、王元地:《邻避危机何以愈演愈烈》,载《公共管理学报》2014 年第 3 期。
④ 汪伟全:《风险放大、集体行动和政策博弈》,载《公共管理学报》2015 年第 1 期。
⑤ 谭爽:《邻避项目社会稳定风险的生成及防范——基于焦虑心理的视角》,载《北京航空航天大学学报(社会科学版)》2013 年第 3 期。
⑥ 王锋、胡象明、刘鹏:《焦虑情绪、风险认知与邻避冲突的实证研究》,载《北京理工大学学报(社会科学版)》2014 年第 6 期。
⑦ 杨拓:《邻避冲突主体间认知差异评估框架与建构方法》,载《北京航空航天大学学报(社会科学版)》2015 年第 2 期。

四、文献述评

已有研究对邻避运动的影响因素及治理建议均取得了一定的研究成果。但不可否认的是,国内对邻避问题的研究还不丰富,大部分研究是循着国外的研究路径,借鉴国外的成果思考中国的邻避运动及治理措施。(1)中国特色社会主义制度决定了我们的邻避运动研究有特殊性,须充分考量中国的政治、经济、社会等大环境,充分挖掘中国邻避运动的特殊性,并从中找到符合中国实际的规律;(2)中国已进入"社会稳定风险"的时代,但关于风险来源、形成机理等方面的研究仍显薄弱;(3)从检索到的文献看,已有的邻避冲突研究大多采用定性研究方法,对邻避冲突个案进行案例分析,鲜有文献对邻避冲突的构成要素进行深入剖析,更缺乏对邻避运动风险的量化评估,但文献已为本章的影响因素探索奠定了良好的基础。因此,本章将运用层次分析方法确定各层级影响因素的权重,建构邻避运动的风险评估指标体系。

第二节
风险评估指标体系的构建

斯洛维奇认为风险认知是指人们对风险的态度及对风险的直觉判断。由重大工程项目引发的风险争议甚至群体性事件,其重要心理根源往往在于不同利益相关者风险认知的差异以及相应的风险行为选择。[1] 因此,本章从邻避运动参与主体的特征、政府与公众的互

---

[1] 李小敏、胡象明:《邻避现象原因新析:风险认知与公众信任的视角》,载《中国行政管理》2015年第3期。

第四章
邻避运动的风险评估研究

动(简称"政府回应")及参与主体的风险认知三个方面七个层次构建邻避运动风险认知评估指标体系,如表 4-1 所示。

参与主体的特征包含了两个维度:一个是参与个体的特征,另一个是参与群体的特征。风险文化理论认为,风险是参与主体的主观判断,主体的差异导致了风险水平的不同。因此,参与主体的收入、学历及可支配时间被选为判断主体差异的指标。勒庞(Gustave Le Bon)在《乌合之众》中指出,群体没有推理能力,但想象力非常强大、活跃,而且敏感。① 已有研究也在尝试应用大众心理研究的成果来解释邻避运动问题,所以,将参与群体的特征引入到影响因素中是恰当的。群体规模越大,带来的风险往往越高;同质性越强,集体行动的能力也越强,谈判能力越强;区域房价越高,参与群体的被剥夺感越重,带来的风险往往越不易调和。

政府与公众的互动包含了公众对政府的信任、信息公开及政府回应的方式三个维度。实际上,在邻避运动中,政府、公众、设施运营商、媒体都是重要的参与主体。特维尔(Bart W. Terwel)等认为,对政府的信任程度影响利益受损者的风险和利益感知,从而对其反应倾向产生影响。② 一个地区的上访率、犯罪率、贪污腐败案件发生率都会影响到该地区民众的政府信任度。政府信任度其实也与政府的信息公开密不可分。迪瓦恩-赖特(P. Devine-Wright)指出,政府和运营商履行程序公正的责任,对于确保社区获得透明的信息和有效的公众参与至关重要。信息公开的内容、公开的渠道及公开的时间被

---

① 〔法〕古斯塔夫·勒庞:《乌合之众》,冯克利译,中央编译出版社 2000 年版。
② Bart W. Terwel, Dancker D. L. Daamen, and Emma ter Mors, Not in My Back Yard (NIMBY) Sentiments and the Structure of Initial Local Attitudes Toward CO_2 Storage Plans, *Energy Procedia*, Vol. 37, 2013, pp. 7462-7463.

选为直接的评价指标。① 利益诉求受阻是引发邻避运动的必要条件：公众的合理诉求如果不能得到及时、有效的回应，会导致群体中的不满情绪长期积累，从而对政府逐渐失去信任，冲突发生的风险不断加剧。

汪伟全的研究显示，风险感知与风险放大是大多数环境类群体事件的诱因。② 笔者认为，公众的风险认知包含风险来源与风险水平两个维度。在官方信息受阻的情况下，各种小道消息和谣言的出现会使参与群体失去理性。而技术灾害发生率会影响公众对邻避设施运营的安全风险的判断，"前车之鉴"往往成为公众团结一致的理由。邻避设施的类型、规模、风险类型、社区距离与负外部性的程度等特征均会影响周边居民的邻避情结。③ 因此，本章选取设施规模、社区距离和经济补偿三个指标来衡量风险的水平。

表 4-1 邻避运动风险认知评估指标体系

一级指标	二级指标	三级指标
主体特征 A	个体特征 A1	收入 A1.1
		学历 A1.2
		可支配时间 A1.3
	群体特征 A2	群体规模 A2.1
		同质性 A2.2
		区域房价 A2.3

---

① P. Devine-Wright, Public Engagement with Large-Scale Renewable Energy Technologies: Breaking the Cycle of NIMBYism, *Wiley Interdisciplinary Reviews*: *Climate Change*, Vol. 2, No. 1, 2011, pp. 19-26.
② 汪伟全:《风险放大、集体行动和政策博弈》，载《公共管理学报》2015 年第 1 期。
③ 侯光辉、王元地:《邻避危机何以愈演愈烈》，载《公共管理学报》2014 年第 3 期。

（续表）

一级指标	二级指标	三级指标
政府回应 B	政府信任 B1	上访率 B1.1
		犯罪率 B1.2
		贪污腐败案件发生率 B1.3
	信息公开 B2	公开内容质量 B2.1
		公开方式数量 B2.2
		环评公示时间 B2.3
	回应方式 B3	作出回应的时间 B3.1
		作出回应的质量 B3.2
		作出回应的途径 B3.3
风险认知 C	风险来源 C1	技术灾害发生率 C1.1
		谣言信息量 C1.2
		业主讨论的网帖数量 C1.3
	风险水平 C2	设施规模 C2.1
		社区距离 C2.2
		经济补偿 C2.3

资料来源：作者自制。

第三节
基于模糊层次分析的风险评估

层次分析法是美国运筹学家塞蒂（T. L. Saaty）在20世纪70年代初提出的对复杂问题作出决策的简单、实用方法，该方法将人们对事物的主观判断转变成数字化处理，特别适用于难以定量分析的决策问题。利用层次分析法进行风险识别的基本思路是：把复杂的风险问题分解为各个组成因素，将这些因素按支配关系分组形成有序的递阶层次结构，通过两两比较判断的方式确定每一层次中各因素相对于上一层或最高层总目标的相对重要性,并加以排序,从而判断出系统主要风险模式和风险因素。层次分析法体现了人们决策思维的基本特征,即分解、判断、综合。本章引用该方法对邻避风险进行评估。

一、模型的构建

从已有文献可以推知,邻避冲突是一个由若干层次、维度和要素构成的系统。因此,要深入研究它,就要搞清它包括哪些层次、各层次由几个维度构成、每一个维度又包含哪些要素,这是本书要解决的首要问题。本节将从分析邻避冲突结构入手来确定其逻辑结构,建立可行的逻辑结构模型。这里通过构建邻避冲突的影响因素效用模型来表征风险的程度。

$$U = \sum A_{ij} W_{ij} + \sum B_{ij} W_{ij} + \sum C_{ij} W_{ij}$$

式中,U 表示风险的程度,W_{ij} 表示相应指标在指标体系中的权重,A_{ij}、B_{ij}、C_{ij} 表示相应的指标值。对指标中容易量化的因素,通过数理统计直接给出量化值;不易量化的因素,则通过模糊语言、专家打分等方法确定。此外,原始指标还需要进行无量纲化处理,以消除各指标数值单位的影响。

二、权重的确定

1. 构造判断矩阵

层次分析法的关键在于确定低层次指标的权重,因此采用德尔菲法的专家打分。德尔贝克(A. Delbecq)认为,在德尔菲法专家组成员同质性较高时,成员数量可控制在 15—30 位,若异质性较大则控制在 8—10 位。邻避运动的风险评估研究被访对象集中于高校,属同质性

第四章
邻避运动的风险评估研究

较高类别,因此本研究将人数控制在 12 位。本研究在选取相关专家时采用两个标准:(1) 从事与邻避问题相关的研究领域,以发表过相关研究成果为依据,共 9 位;(2) 参与过邻避运动的行动个体,分别包含了上海松江垃圾焚烧站建设、杭州垃圾焚烧厂建设及宁波 PX 事件,共 3 位。专家打分的方法是对两个因素的相对重要程度进行比较判断,这也是层次分析模型中通行的做法。为了能够将两两比较的程度进行量化,学术界普遍采用萨蒂标度,即将较强、一般、较弱等定性的语言描述,转化为 1—9 的数值量化等级(见表 4-2),以进行更加细致的划分。在处理专家打分时,对专家偏好进行了综合,即去掉一个最高分和一个最低分之后的平均值,作为该项指标的得分,以滤掉极端值。

$$X_i = \sum_{j=1}^{n-2} X_j / (n-2)$$

X_j 是第 j 个专家在第 i 项风险指标上的评分指标值,去掉一个最高分和最低分。收集到专家的评分值后,建立判断矩阵。

表 4-2 1—9 比例标度法

标度	含义
1	两因素相比,具有同等重要性
3	两因素相比,一个因素比另一个因素稍微重要
5	两因素相比,一个因素比另一个因素明显重要
7	两因素相比,一个因素比另一个因素特别重要
9	两因素相比,一个因素比另一个因素极端重要
2 或 4 6 或 8	上述相邻判断的中间值
倒数	因素 i 和因素 j 相比标度互为倒数,即 $b_{ji}=1/b_{ij}$

资料来源:作者自制。

a_{ij} 表示要素 a_i 与 a_j 相对于上一层次元素的重要性的比例标度，因此可以建立判断矩阵 A 如下：

$$A = (a_{ij})_m = \begin{bmatrix} a_1/a_1 & a_1/a_2 & a_1/a_n \\ a_2/a_1 & a_2/a_2 & a_2/a_n \\ a_n/a_1 & a_n/a_2 & a_n/a_n \end{bmatrix}_{n \times n}$$

其中，$a_{ij} > 0$。根据表 4-1 中的评估指标体系，本研究共建立 11 个判断矩阵。

2. 确定权重

根据判断矩阵求最大特征根 $\lambda_{\max}$ 及相应的标准化特征向量 $W = \{w_1, w_2, \ldots, w_n\}$，且 $AW = \lambda_{\max} W$。经过归一化处理后，即得到该层次指标的权重。$\lambda_{\max}$ 及 W 的算法为：计算判断矩阵 A 每一行各元素之积 $M_i = \prod_{i=1}^{n} a_n, i = 1, 2, \ldots, n$；计算 M_i 的 n 次方根 $\overline{w_i} = \sqrt[n]{M_i}$；对向量 $\overline{W} = \{w_1, w_2, \ldots, w_n\}$ 进行归一化处理，由 $w_i = \dfrac{\overline{w_i}}{\sum_{i=1}^{n} \overline{w_i}}$ 得到所求特征向量；计算最大特征根 $\lambda_{\max} = \sum_{i=1}^{n} \dfrac{(AW)_i}{nW_i}$，$(AW)_i$ 为向量 AW 的第 i 项元素。

3. 判断矩阵的一致性检验

判断矩阵是各层次各因素之间进行两两比较相对重要性而得来的，为避免出现"A 比 B 重要，B 比 C 重要，而 C 又比 A 重要"这样的矛盾情况，需要对判断矩阵的一致性进行检验。定义一致性指标为 $CI = \dfrac{\lambda_{\max}}{n-1}$，其中 $\lambda_{\max}$ 和 n 分别为判断矩阵的最大特征根和阶数。若令 RI 为平均一致性指标，则计算随机一致性比率为 $CR = CI/RI$，当 $CR < 0.1$ 时，认为判断矩阵具有满意的一致性，也表明了权重的分配是合理的；否则，就需要调整判断矩阵，直到具有满意的一致性为止。

式中，RI是标值，1—9的判断矩阵一致性指标如表4-3所示：

表4-3　判断矩阵的一致性指标

阶数	1	2	3	4	5	6	7	8	9
RI	0.00	0.00	0.58	0.90	1.12	1.24	1.32	1.41	1.45

资料来源：作者自制。

4. 层次总排序

以一级指标为例，构造判断矩阵1，见表4-4。

表4-4　判断矩阵1

矩阵1	A	B	C
A	1	1.33	1.77
B	0.75	1	1.64
C	0.57	0.61	1

资料来源：作者自制。

判断矩阵1的权重系数，$W=[0.42,0.35,0.23]$，$\lambda_{max}=2.99$，$CI=-0.005$，$CR=0$，满足一致性检验。

三、预警评估

将收集到的各指标值带入公示 $U=\sum A_{ij}W_{ij}+\sum B_{ij}W_{ij}+\sum C_{ij}W_{ij}$ 中，其中各指标权重如表4-5所示，即可以对邻避运动的风险等级进行模糊评判。同时，根据12位专家的意见，本研究也对所有指标进行了评分，评分结果如表4-5所示。从评分看，个体的收入水平及学历水平、群体规模，都会对邻避运动的风险评估有较高的影响；而区域的上访率会影响到公众对地方政府的信任水平，所以得分也较高；信息公开的质量对冲突的风险也有较显著的影响；社区距离的远近会影响到居民的参与热度，所以评分也较高。

表 4-5　邻避运动风险预警的指标权重

一级指标	权重	二级指标	权重	三级指标	权重	评分
主体特征 A	0.42	个体特征 A1	0.55	收入 A1.1	0.48	11
				学历 A1.2	0.42	10
				可支配时间 A1.3	0.10	2
		群体特征 A2	0.45	群体规模 A2.1	0.58	11
				同质性 A2.2	0.27	5
				区域房价 A2.3	0.15	3
政府回应 B	0.35	政府信任 B1	0.53	上访率 B1.1	0.47	9
				犯罪率 B1.2	0.23	4
				贪污腐败案件发生率 B1.3	0.30	6
		信息公开 B2	0.33	公开内容质量 B2.1	0.71	8
				公开方式数量 B2.2	0.16	2
				环评公示时间 B2.3	0.13	2
		回应方式 B3	0.14	作出回应的时间 B3.1	0.12	1
				作出回应的质量 B3.2	0.65	3
				作出回应的途径 B3.3	0.23	1
风险认知 C	0.23	风险来源 C1	0.22	技术灾害发生率 C1.1	0.39	2
				谣言信息量 C1.2	0.20	1
				业主讨论的网帖数量 C1.3	0.41	2
		风险水平 C2	0.78	设施规模 C2.1	0.28	5
				社区距离 C2.2	0.47	8
				经济补偿 C2.3	0.25	4

资料来源：作者自制。

第四节
风险评估的发现

本章进行了文献回顾和德尔菲法的专家打分的调查研究,并在此基础上构建了邻避运动的风险评估体系,为防范邻避运动风险、化解社会矛盾打下研究基础。本章所涉及的指标体系构建无论是从指标选取上还是从调查对象的选择上,其有效性还有待更深入的研究来验证。本章的研究成果对邻避风险预防的实践活动有以下两方面的建议:

一、科学甄别邻避运动参与主体

邻避运动中的参与者大多是特定利益相关者聚合的临时性耦合群体,其行为具有很强的传染性,能够引起参与者的共鸣。本研究显示,参与主体的收入、学历、群体规模等在邻避运动风险认知评估指标中的评分较高,其影响较为显著。因此,在邻避设施规划、建设的前期工作中,应重点针对高收入、高学历群体开展工作,争取他们的支持。高收入、高学历群体通常具有较高的理解、接受能力,也具有较强的法治精神,理性、不易冲动。在社会建设领域需要重视"能人"现象,争取特定群体的理解、支持,并通过他们去影响、说服更广泛的参与群体,群体参与的规模就会减少,邻避冲突的矛盾就容易化解。但这样做的前提是,政府能够取得特定群体的信任。

二、有效提高政府信任水平

在邻避设施规划和建设中,相关信息公开不足,而且不能及时回应公众的质疑、不满时,就容易降低政府的信任水平、引发公众的风险恐慌。已有研究指出,信息公开与政府的信任水平呈正相关关系。因此,提高政府的信任水平需要信息公开,但其核心是邻避项目关键信息的公开,涉及环境风险的多方评估、项目听证的参与者等关键性信息的公开。同时,政府在回应公众质疑时,需要通过多种渠道、路径进行耐心、细致的解答。众多案例显示,邻避冲突爆发的节点往往就是政府对公众质疑的漠视积聚到一定程度,这时公众的不满迅速上升,风险陡增。当然,良好的政府—民众关系是政府信任的基础,这取决于风清气正的政治生态、政府的高效及社会的稳定。

第五章
邻避设施建设中的政府信任

第一节
信任及其含义

信任与风险应对密切相关。因为风险认知和风险响应会影响人们对政策的信任程度,这本质上是一个动态过程。人们可能会觉得决策者对他们的担忧和抗议没有作出适当的反应,因此对决策者的信任度降低了。信任在人们对技术风险的认知以及对风险沟通的反应中起着重要作用。但是,令人惊讶的是,学术界关于信任的定义、含义和性质没有达成共识。例如,在对信任文献进行了广泛的审查之后,麦克奈特(D. H. McKnight)等得出结论,几乎每项研究都有自己的信任定义。[①] 信任似乎是比风险更难以捉摸和更具争议的现象。尽管科学家们经常谈论人们所面临的客观、可衡量的风险,但很少碰到客观衡量信任或可信度的类似说法。甚至在信任发挥核心作用的研究中,信任的概念通常也很难被解释,文献上也几乎没有共识。一些研究人员借鉴了社会心理学和人格理论,描述了个人期望、信念和感受到的内部信任(个体化的信任)。也有一些人采取了社会学或经济学的方法,研究基于组织系统和结构中的信任级别(制度化的信任)。克雷默(R. M. Kramer)梳理了信任的各种定义,认为它们"涵盖了基于计算或经验的信任以及基于本能的信任"[②]。学者们首推米

[①] D. H. McKnight and N. L. Chervany, The Meanings of Trust (MISRC Working Paper Series), Management Information Systems Research Center, University of Minnesota, 1996, pp. 15-30.

[②] R. M. Kramer, Trust and Distrust in Organizations: Emerging Perspectives, Enduring Questions, *Annual Review of Psychology*, Vol. 50, 1999, pp. 569-598.

从"邻避"到"邻里"
中国邻避风险的复合治理

什拉(K. Mishra)所界定的信任,即信任被认为是一方愿意根据另一方的胜任能力、开放性、包容性和可靠性来影响其相信的意愿。① 从学者们的界定中可以发现,"信任"与"风险"是相互联系的两个概念。

莱维基(R. Lewicki)等提出了三种相互区别但又联系的信任:基于计算的信任、基于知识的信任和基于身份的信任。② 他们认为,每种类型的信任都是顺序连接的,因为实现了一个级别上的信任就可以发展下一个级别上的信任。基于计算的信任能够确保行为的一致性(即个人会按照自己的承诺去行事,因为他担心不遵守诺言会产生不好的后果)。收益的价值和作弊的成本都可能推动基于计算的信任。基于知识的信任建立在对他人可预测性的基础上。这种信任依赖于信息而不是对不遵守承诺的威慑。随着双方之间互动的发展,基于知识的信任会随着时间的推移而发展,这使得人们对另一方行为的可预测性和可信赖性有了普遍的期望。所以,利益相关者之间的公开、坦诚沟通能为信任提供良好的基础。基于身份的信任是对他人立场和目标的认同。对于这种类型的信任,莱维基等认为,"存在信任,是因为当事方有效地理解和欣赏了对方的需求,这种相互理解能够发展到他们可以有效地采取行动的地步"③。

基尔(Luke Keele)认为在日常生活中,当我们有证据表明我们可

---

① A. Mishra, Organizational Responses to Crisis: The Centrality of Trust, in R. M. Kramer and Tom R. Tyler (eds.), *Trust in Organizations*, SAGE Publications, 1996, pp. 261-287.

② R. Lewicki and B. Bunker, Trust in Relationships: A Model of Trust Development and Decline, in B. Bunker, J. Rubin and Associates (eds.), *Conflict, Cooperation and Justice*, Jossey-Bass, 1996, pp. 133-173.

③ Cf. S. Cox, B. Jones, and D. Collinson, Trust Relations in High-Reliability Organizations, *Risk Analysis*, Vol. 26, No. 5, 2010, pp. 1123-1138.

第五章
邻避设施建设中的政府信任

以依赖某人的"性格"和"能力"时,我们就可以"信任他"。① 部分学者认为,政府信任,代表着公众对政府"意愿"和"能力"的一种信任状态。也就是说,政府信任涉及的具体内容主要是政府的"意愿"和"能力"。贝郎格(F. Bélanger)等认为,政府信任指的是一个人对提供服务的政府机构诚信和能力的认知。② 科兹安(P. Kotzian)认为,政府信任既包含对政府能力的信任,也包含对其诚实、道德品质的信任。③ 孔德骏(D. T. Kong)则认为,政府信任包含两个维度,一个是以"意愿为基础"的政府信任,一个是以"能力为基础"的政府信任。④ 卢杰(J. Lu)认为,政府信任包含两个要素:能力评价和意图评价。⑤

上述对信任的不同定义表明,学术界关于"信任到底是什么"仍未达成共识,即使在不同的学科领域也是如此。一些学者指出,信任"是一个难以捉摸的概念"⑥。各种研究人员试图确定信任的不同内容。有些人认为信任主要基于共识和同情,而不是基于细致的计算

---

① Luke Keele, The Authorities Really Do Matter: Party Control and Trust in Government, *The Journal of Politics*, Vol. 67, No. 3, 2005, pp. 873-886.

② F. Bélanger and L. Carter, Trust and Risk in E-Government Adoption, *The Journal of Strategic Information Systems*, Vol. 17, No. 2, 2008, pp. 165-176.

③ P. Kotzian, Conditional Trust: The Role of Individual and System-Level Features for Trust and Confidence in Institutions, *Zeitschrift für Vergleichende Politikwissenschaft*, Vol. 5, No. 1, 2011, pp. 25-49.

④ D. T. Kong, Intercultural Experience as an Impediment of Trust: Examining the Impact of Intercultural Experience and Social Trust Culture on Institutional Trust in Government, *Social Indicators Research*, Vol. 113, No. 3, 2013, pp. 847-858.

⑤ J. Lu, A Cognitive Anatomy of Political Trust and Respective Bases: Evidence from a Two-City Survey in China, *Political Psychology*, Vol. 35, No. 4, 2014, pp. 477-494.

⑥ W. Poortinga and N. F. Pidgeon, Prior Attitudes, Salient Value Similarity, and Dimensionality: Toward an Integrative Model of Trust in Risk Regulation, *Journal of Applied Social Psychology*, Vol. 36, No. 7, 2006, pp. 1674-1700.

从"邻避"到"邻里"
中国邻避风险的复合治理

或直接的知识;也有一些研究者强调了人们先前态度的重要性。① 由此可见,信任本质上是一种态度,相信某人的行为或周围的秩序符合自己的愿望。它可以表现为三种期待:对自然与社会的秩序性的期待、对合作伙伴承担义务的期待、对某角色技术能力的期待。它不是认识论意义上的理解,它处在全知与无知之间,是不顾不确定性去相信。②

自从霍夫兰(C. I. Hovland)等做出开创性的工作以来,各种经验研究都证实信任主要是基于能力和关怀的二维概念。③ 基于能力的信任涉及对受托人完成既定目标和采取一致行动能力的判断。它需要有先前性能的证据和有关服务质量的信息。能力是信任的一种认知(或理性)要素,它"基于理性和工具性判断"。基于关怀的信任本质上是一种信念,即受托人的行为方式不受自身利益驱动,而是考虑代表其委托人的利益。泰勒将其描述为受托人"将服务使用者的利益放在心上"④。弗朗西斯·福山(Francis Fukuyama)在解释"社会资本能够使人们彼此信任"⑤时,正是指这个维度。梅特莱(Daniel Metlay)发现,对美国能源部的信任建立在与对该机构具体行为的情

---

① J. R. Eiser, S. Miles, and L. J. Frewer, Trust, Perceived Risk, and Attitudes Toward Food Technologies, *Journal of Applied Social Psychology*, Vol. 32, No. 11, 2002, pp. 2423-2433.
② 郑也夫:《信任论》,中信出版社 2015 年版,第 14 页。
③ W. Poortinga and N. F. Pidgeon, Prior Attitudes, Salient Value Similarity, and Dimensionality: Toward an Integrative Model of Trust in Risk Regulation, *Journal of Applied Social Psychology*, Vol. 36, No. 7, 2006, pp. 1674-1700.
④ D. J. Houston and L. H. Harding, Public Trust in Government Administrators: Explaining Citizen Perceptions of Trustworthiness and Competence, *Public Integrity*, Vol. 16, No. 1, 2013, pp. 53-76.
⑤ 〔美〕弗朗西斯·福山:《信任——社会美德与创造经济繁荣》,彭志华译,海南出版社 2001 年版,第 338 页。

第五章
邻避设施建设中的政府信任

感联系紧密相连的基础上。① 但是,后来出现了另一种经验模型。弗伦奇(S. French)等认为,信任虽然也是一个由两部分组成的结构,但其包括一般信任(主要指能力和关怀要素)和利益(主要指收益和惩罚)维度。②

总的来说,信任是指愿意相信他人有能力作出有效的决定并考虑到利益相关者的利益,从而产生委托他人代表我们行事的依靠。这其中既有基于互动,通过同理心和他人的认同而产生的关系和情感纽带;也有基于计算,通过收益或惩罚而最大化自身利益的后果逻辑。

一些实证研究已经证明,信任是公众对邻避设施选址态度的关键因素之一。选址的冲突通常被标记为信任危机。这是因为人们对风险的接受不仅取决于对风险的定量估计,而且还取决于他们对科学家、政府和企业能否很好地管理风险的信任或信心。因此,负责选址决策的政府或公共机构的信誉往往是影响公众反应的重要变量。在澳大利亚和美国等国家的许多地方,对风险管理者的不信任引发了激烈的选址冲突。③

在中国的邻避事件中,"地方政府往往取代相关利益方成为民众抗议的对象,使得原本的'企业—民众—政府'三方博弈简化为官民

---

① Daniel Metlay, Institutional Trust and Confidence: A Journey into a Conceptual Quagmire, in G. Cvetkovich and Ragnar E. Löfstedt(eds.), *Social Trust and the Management of Risk*, Earthscan, 1999, pp. 100-116.

② S. French, J. Maule, G. Mythen, and C. Wales, Trust and Risk Communication (Technical Report), Manchester Business School/Leeds University Business School, 2002.

③ T. Liu and Y. Yau, Institutional Inadequacies and Successful Contentions: A Case Study of the LULU Siting Process in Hong Kong, *Habitat International*, Vol. 44, 2014, pp. 22-30.

两方博弈"①,而且基本集中在区、县等基层政府,因为它们承担了规划、建设及监管的大部分责任。在中国,公众对政府信任呈现"差序格局",②信任水平会随着政府层级的降低而降低。米勒(A. H. Miller)认为,政府信任就是公众对政府如何基于公众期望运作的基本评价。③ 当信任水平较低时,公众对政府的评价会从有限的风险事件推及更广范围。实际上,关于邻避设施风险所引发的一些群体性事件往往不是针对风险源本身,而是借机争取利益、表达诉求甚至偶尔掺杂敌对势力的多元冲突。在部分群体性事件中,基层政府存在不作为、乱作为等现象。特别是在环境污染方面,公众可能会认为基层政府监管不力或者存在官员与企业的"合谋"行为,基层政府很容易成为被声讨的对象。作为政治文化结构与政治文化心理的延续,对合法政治权力的信仰决定了公众普遍的政府依赖,但公众的超值预期与基层政府信任的脆弱性衍生出了更多的社会风险,如一些群体性事件中出现的极端行为主要是表达对政府的不满等。从风险项目到官民矛盾,为社会风险的衍生、积聚提供了社会环境。

第二节
信任中的情感因素

在风险领域,"信任"已经成为一个关键概念。然而,很少有研究

---

① 鄢德奎、陈德敏:《邻避运动的生成原因及治理范式重构》,载《城市问题》2016年第2期。

② 李连江:《差序政府信任》,载《二十一世纪》2012年6月号。

③ A. H. Miller, Political Issues and Trust in Government: 1964 - 1970, *American Political Science Review*, Vol. 68, No. 3, 1974, pp. 951-972.

第五章
邻避设施建设中的政府信任

人员对信任的基本特征感兴趣。相反,他们的研究集中在通过诸如能力、公平和效率等不同因素来解释信任或不信任产生的原因。① 这种讨论往往将信任建立在认知和情感的二分法上,把信任看作工具性的或表现性的。② 认知信任取决于对他人特质的一种合理的、客观的评估,这些特质包括他人的能力、可靠性、正直诚实等;③情感信任源自情感关系的发展,即合作双方在互惠的社会交换过程中所形成的一种深入的、稳定的社会关系。④ 其实,自古以来,中国人就非常重视人际信任中的情感因素。例如,中文中"信任"两字就既包含了"信"的方面,又包含了"任"的方面。"信"指的是一个人的诚信,体现了情感的维度;而"任"则指的是一个人的责任和可依赖性,体现了认知和计算的维度。但从语义顺序上而言,"信"在前面,是信任的基础。正如威恩(B. Wynne)反复强调的,信任本质上是一种关系,在分析政府信任时,情感—理性的二分法从根本上是一种误导。⑤ 发表在《公众理解科学》(*Public Understanding of Science*)杂志上的一项研究

---

① M. Siegrist, G. Cvetkovich, and C. Roth, Salient Value Similarity, Social Trust, and Risk/Benefit Perception, *Risk Analysis*, Vol. 20, No. 3, 2000, pp. 353-362.

② D. Dunning and D. Fetchenhauer, Trust as an Expressive Rather Than an Instrumental Act, in S. R. Thye and E. J. Lawler(eds.), *Advances in Group Processes*, Vol. 27, Emerald, 2010, pp. 97-127.

③ S. Wang, E. C. Tomlinson, and R. A. Noe, The Role of Mentor Trust and Protégé Internal Locus of Control in Formal Mentoring Relationships, *Journal of Applied Psychology*, Vol. 95, No. 2, 2010, pp. 358-367.

④ J. Schaubroeck, S. S. K. Lam, and A. C. Peng, Cognition-Based and Affect-Based Trust as Mediators of Leader Behavior Influences on Team Performance, *Journal of Applied Psychology*, Vol. 96, No. 4, 2011, pp. 863-871.

⑤ B. Wynne, Elephants in the Rooms Where Publics Encounter "Science"? A Response to Darrin Durant, *Public Understanding of Science*, Vol. 17, No. 1, 2008, pp. 21-33.

从"邻避"到"邻里"
中国邻避风险的复合治理

表明,信任、情感和风险之间的相互关系很少被讨论。① 目前对政府信任和风险沟通的讨论存在着有限理性的偏见,即过于强调信任的认知—反射特性,而忽视了信任的情感面。在过去的几十年里,许多文章讨论了风险,其中一些讨论了公众对科学的信任作用,但关于信任情感方面的研究相对缺乏,这不利于公平对待信任的情感特征。

事实上,信任是一种错综复杂的行为模式,包含了关系、情感、期望和不对称性。因此,信任不可能通过信息和知识的吸收来建构,而是通过情感的参与和意义的建立而形成。纵观有关心理学的文献可以发现,人们把区别于认识活动、有特定主观体验和外显表现,并与人的特定需要相联系的感性反应称为"感情"。它一般包含情绪和情感的综合过程,既有情绪的含义,也有情感的含义。情绪代表着感情性反应的过程。也就是说,感情性反应作为心理活动的过程,用"情绪"这一术语来表示。情感经常被用来描述社会性高级感情。郭景萍对情感概念作出了社会学规范性的界定,将情感视为"主观社会现实",即情感既包含个人意义的主观体验,又包含社会力量的现实性。② 人对于某人的信任不仅取决于对可信度的感知,同时也取决于对方的身份、组织中的规则以及直觉和情感的反应。正如卢曼所说,信任关系在带有同一种结构的社会背景中找到了它喜爱的土壤,这种结构的特征是:关系相对持续、相互依赖,以及某种不能预料的性质。③

---

① C. R. Critchley, Public Opinion and Trust in Scientists: The Role of the Research Context, and the Perceived Motivation of Stem Cell Researchers, *Public Understanding of Science*, Vol. 17, No. 3, 2008, pp. 309-327.

② 郭景萍:《试析作为"主观社会现实"的情感——一种社会学的新阐释》,载《社会科学研究》2007年第3期。

③ 郑也夫:《信任论》,中信出版社2015年版,第53页。

第五章
邻避设施建设中的政府信任

事实上,早在一个世纪前,齐美尔(Georg Simmel,又译为"西美尔")就提出了"信任是一种关系"的理论,不仅包括它所带来的好处,还有它需要付出的代价。本质上信任是一种"信仰的飞跃",其中包括了脆弱性和不确定性。即使信任是建立在理性选择、常规行为和反射性强化的基础上,也没有一个过程能抓住信任的本质,信任"是一种与知识无关的心灵状态,它既比知识少,也比知识多"①。因此,从情感意义上说,信任可被定义为对未来的一种积极期望,这种期望取决于相互关联的两个基本因素:基于过去的经验,对未来可能与信任有关情况的解释;对未知及负面情况的不确定性预期。齐美尔试图展示信任的关系特征是复杂的。威恩分析了公众对科学的信任,这是信任从认知层面到社会层面的解释学转变。威恩认为,公众与科学家观点的分歧是基于本体论的差异,同样也是基于命题知识主张的差异。② 换句话说,信任问题涉及过去的经历、社会意义、社会关系,以及对公众个人和社会的可能威胁。因此,我们不仅要面对作为关系维度的信任,而且要面对可能包含成本的过程信任。威恩提出了一个很重要的观点,他声称,"如果不把信任视为一个包含社会和心理成本的关系过程来理解,就不可能从逻辑上理解潜在风险和民众对待风险的态度"③。齐美尔和威恩提出的这两种信任理论都是侧重于以情感为基础的社会维度。

马克斯·韦伯(Max Weber)在《新教伦理与资本主义精神》中强调了不同价值规范和文化属性在信任问题上的差异以及对资本主义

---

① 〔德〕西美尔:《货币哲学》,陈戎女、耿开君、文聘元译,华夏出版社2018年版,第148页。
② B. Wynne, Elephants in the Rooms Where Publics Encounter "Science"? A Response to Darrin Durant, *Public Understanding of Science*, Vol. 17, No. 1, 2008, pp. 21-33.
③ Ibid.

从"邻避"到"邻里"
中国邻避风险的复合治理

发展的不同影响。韦伯认为,新教教义中的诚实守信的美德是资本主义发展的重要精神驱动力,由此提出了"信用就是金钱"的论断。他区分了两种信任,即特殊信任和普遍信任,前者以血缘为基础,后者以共同信仰为基础,信任在不同国家、不同民族、不同宗教和地域形成了不同的文化,这是信任文化内质的表现,其重要观点是将信任视作文化习俗的一部分,即社会德性,突出信任的"社会资本"作用。

社会交换理论认为,人们进行社会交换的动力是人们期望从他人处获得回报,同样的,人们为了继续得到某种利益会履行因过去得到利益而应尽的义务。但是,有关社会交换中的义务并没有明确规定,因而并不能保证接受服务的人会给予回报。[①] 故社会交换的基础是信任对方会履行义务,反过来,社会交换也会引起个人的信任感、义务感。而情感信任有更多互惠的特质,能够反映交换双方之间逐渐加强义务的相互投资,因此情感信任能够加深社会交换。[②] 当人们对政府的情感信任高时,人们会更相信政府是关心他们、为他们考虑的,因此人们更愿意接受政府的政策。[③]

许多研究人员将风险沟通的目标定义为通过回应公众关心的问题来建立相互信任。[④] 风险沟通由此从信息传播的手段,转变为相互学习、相互商议的载体。从这个角度来看,把公众包括进邻避设施的选址过程中显得非常重要,不是因为他们对风险对象有实质性的看

[①] P. M. Blau, *Exchange and Power in Social Life*, John Wiley & Sons, 1964, p. 65.

[②] J. A. Colquitt, J. A. LePine, R. F. Piccolo, C. P. Zapata, and B. L. Rich, Explaining the Justice-Performance Relationship: Trust as Exchange Deepener or Trust as Uncertainty Reducer? *Journal of Applied Psychology*, Vol. 97, No. 1, 2012, pp. 1-15.

[③] 杜帆、吴玄娜:《程序公正、不确定性对公共政策可接受性的影响:情感信任、认知信任的中介作用》,载《心理科学》2017年第2期。

[④] O. Renn, *Risk Governance: Coping with Uncertainty in a Complex World*, Earthscan, 2008, p. 202.

第五章
邻避设施建设中的政府信任

法,而是因为他们构成了一个提供合法性的社会现实。在很大程度上,风险沟通被构建为工具型框架,有助于提高监管机构的合法性,同时可以实现更有效的监管。① 因此,呼吁公众参与可能会加强对风险的分层理解;在这种理解的过程中,参与主要是作为一种教育公众的手段,并获得他们对已经确定的风险的认可。然而,这种趋势在科学和技术研究中受到了严厉的批评。对风险更广泛的理解必须将其视为不仅是一个需要了解的技术问题,更是一个生活的现实问题,因为风险总是植根于社会。公众不是抽象地讨论风险,而是将其置于现实的社会环境中。此外,风险分析在评估中排除了社会关系,而公众经常将参与风险管理的组织机构的可信度视为十分重要的因素。② 例如,即使风险分析表明某个即将建造的邻避设施是安全的,公众也可以评估建造的公司、监管机构和技术专家在多大程度上是可信的。威恩就发现:"这种关于风险的社会关系的观点其实是一种对人的能动性的特殊解释,在这种观点中,公众的社会身份反映了他们的社会关系。"③ 这个论点背后的本体论假设是,人是有关系的,而这种关系不仅是存在的基础,也是认识的基础。这一假设的结果是,公众对科学信任的理解从一个有限的理性方面(技术理解的能力)转移到涉及社会关系和价值创造的更广泛的社会、文化和发生学方面。

总而言之,信任不能通过做一个旁观者,被动地接受知识,或独自置身于社会生活之外来实现。相反,只有当公众在情感上参与、有发言权,并且在某种意义上能够认识到自己是被信任者时,信任才会

---

① B. Lange and A. Gouldson, Trust-Based Environmental Regulation, *Science of the Total Environment*, Vol. 408, No. 22, 2010, pp. 5235-5243.

② B. Wynne, Public Uptake of Science: A Case for Institutional Reflexivity, *Public Understanding of Science*, Vol. 2, No. 4, 1993, pp. 321-337.

③ B. Wynne, Elephants in the Rooms Where Publics Encounter "Science"? A Response to Darrin Durant, *Public Understanding of Science*, Vol. 17, No. 1, 2008, pp. 21-33.

产生。信任不仅是关系上的,也是情感上的。人与人情感的相互依存关系是社会关系的基本特征。从熟人到陌生人,从内群体到外群体,人们习惯于将最高的信任给予与自己关系最密切的对象,一般内群体的"强关系"往往带来强信任,当关系由内向外逐渐推衍时,信任也存在"梯度损失效应",当到达外群体时"弱关系"带来弱信任。① 组织的正式规章制度为人与人之间的交往提供了可以预期的基础,但是这种预期通常是非人格化的。相反,在正式组织结构的运作以外,还存在大量的非正式网络。非正式网络是以共同的爱好、人格、价值观为基础形成的。基于规则的信息建立在可计算的理性基础上,提供了一个相互之间建立可信度的平台。非正式规范则提供了人们通过共享的隐性知识建立信任的基础。

第三节
信任不对称与 TCC 模型

一、信任的不对称性原则

斯洛维奇在 1993 年提出了"信任的不对称性原则"(Asymmetry Principle of Trust),即失去信任比获得信任更容易。斯洛维奇研究了各种不同的假设事件对核电站管理者信任的影响差异。研究结果表明,消极事件对人们信任的影响要远远大于积极事件。② 其他研究者

---

① 蒋典阳:《"陌生人社会"背景下社会信任的困境及重构》,载《甘肃理论学刊》2018 年第 3 期。
② P. Slovic, Perceived Risk, Trust, and Democracy, *Risk Analysis*, Vol. 13, No. 6, 1993, pp. 675-682.

第五章
邻避设施建设中的政府信任

们也发现了消极事件比积极事件对信任的影响更大。① 西格里斯特等的研究结论支持了信任的不对称性原则,即那些可能有健康风险的实验结果比那些不大可能有风险的实验结果更可信;随着有健康风险的可能性程度的增加,人们对该结论的信心也相应增加,呈现出一种线性关系。② 事实上,这种信任不对称是可以预料到的,原因有两个方面:一是人类有一种强烈的心理倾向,对负面信息给予更大的权重,③负面信息通常比正面信息具有更大的判断价值;④二是对收益和损失的主观权重不同,⑤人们表现出对损失的厌恶,而消极事件往往与潜在损失正相关。

二十多年来,不同研究者从信息类型、灾害类型与先前态度等方面对斯洛维奇的经典研究进行了持续的探索。他们认为,信任的不对称性原则并非信任的普遍属性,而是一定条件下的特殊表现。研究者们普遍将信任看作一维的,都将积极信息和消极信息的信任判断作为其研究前提。然而,以厄尔和克维特科维奇(G. Cvetkovich)等为代表的一系列研究者采用不同理论证明,信任的结构其实是二维

---

① W. Poortinga and N. F. Pidgeon, Trust in Risk Regulation: Cause or Consequence of the Acceptability of GM Food? *Risk Analysis*, Vol. 25, No. 1, 2005, pp. 199-209.

② M. Siegrist and G. Cvetkovich, Perception of Hazards: The Role of Social Trust and Knowledge, *Risk Analysis*, Vol. 20, No. 5, 2000, pp. 713-720.

③ P. Rozin and E. B. Royzman, Negativity Bias, Negativity Dominance, and Contagion, *Personality and Social Psychology Review*, Vol. 5, No. 4, 2001, pp. 296-320.

④ J. J. Skowronski and D. E. Carlston, Negativity and Extremity Biases in Impression Formation: A Review of Explanations, *Psychological Bulletin*, Vol. 105, No. 1, 1989, pp. 131-142.

⑤ Daniel Kahneman and Amos Tversky, Choices, Values, and Frames, *American Psychologist*, Vol. 39, No. 4, 1984, pp. 341-350.

的,包括社会信任和信心。① 社会信任是基于价值观的相似性,只要观念相似就符合标准,因此它不会被立即破坏,是有弹性的、对称的;而信心是基于过去行为,有明确的、具体的行为标准,因此它会被不符合的行为立即破坏,是脆弱的、不对称的。厄尔等认为,以往研究者主要针对的是信任中的信心这一成分,而忽视了社会信任,社会信任才应该是信任研究的重点。②

二、信任、信心与合作模型

厄尔等于 2006 年提出了信任、信心与合作模型(即 TCC 模型),如图 5-1 所示。这个模型的一个关键元素是信任和信心之间的区别,并且它们会导致不同形式的合作。③ 在鲁索(D. M. Rousseau)等的研究中,信任是基于意图或价值观的相似性判断而使自己受他人伤害的意愿。④ 可见,人们之间价值观的相似性水平决定了社会信任的程度。他们认为,信任是一种意愿,期望有利的结果,在意图或价值

---

① T. C. Earle, Trust in Risk Management: A Model-Based Review of Empirical Research, *Risk Analysis*, Vol. 30, No. 4, 2010, pp. 541-574; G. Cvetkovich, M. Siegrist, R. Murray, and S. Tragesser, New Information and Social Trust: Asymmetry and Perseverance of Attributions About Hazard Managers, *Risk Analysis*, Vol. 22, No. 2, 2002, pp. 359-367.

② T. C. Earle and M. Siegrist, Morality Information, Performance Information, and the Distinction Between Trust and Confidence, *Journal of Applied Social Psychology*, Vol. 36, No. 2, 2006, pp. 383-416.

③ T. C. Earle, M. Siegrist, and H. Gutscher, Trust, Risk Perception and the TCC Model of Cooperation, in M. Siegrist, T. C. Earle, and H. Gutscher (eds.), *Trust in Cooperative Risk Management, Uncertainty and Scepticism in the Public Mind*, Earthscan, 2007, pp. 1-49.

④ M. Siegrist and A. Zingg, The Role of Public Trust During Pandemics: Implications for Crisis Communication, *European Psychologist*, Vol. 19, No. 1, 2014, pp. 23-32.

第五章
邻避设施建设中的政府信任

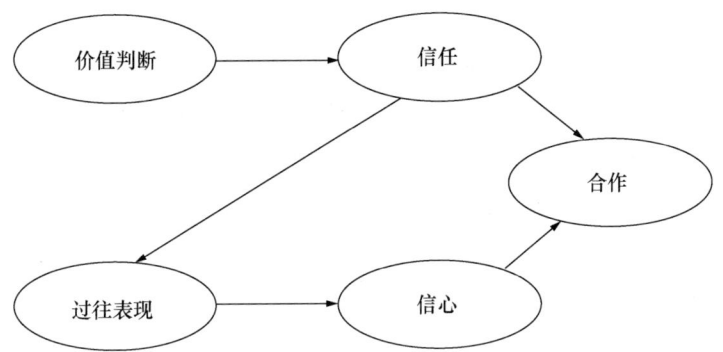

图 5-1　信任、信心与合作模型

资料来源：T. C. Earle, M. Siegrist, and H. Gutscher, Trust, Risk Perception and the TCC Model of Cooperation, in M. Siegrist, T. C. Earle, and H. Gutscher (eds.), *Trust in Cooperative Risk Management*, *Uncertainty and Scepticism in the Public Mind*, Earthscan, 2007, pp.1-49.

观相似性判断的基础上依赖他人。这里所指的信任，主要基于社会关系、群体成员关系和共享的价值观，暗示了信任双方的良好关系。它没有客观的标准，更多采用启发式过程，因此其功能是减少社会认知的复杂性。此外，由于信任更依赖于启发式，所以其基础不是具体的、直觉的，只要在相互关系中存在着共享的价值观，信任就能很快建立。同时，由于价值观的不具体性，即使存在一定的价值观偏差，也是能够接受的，不会立即破坏信任，因此信任是有弹性的。

信心则被定义为基于过去经验或证据的信念，相信某些未来的事情会如预期那样发生。信心是基于经历或证据的一种信念，即相信未来事件会按期望发生，它基于过去的行为表现或对未来表现有限制作用的直觉，有客观的行为标准，因此其功能就是通过过去的知识或经历去控制未来行为。一旦不符合标准，就会立即破坏信心，因此信心是脆弱的。通过对本质上不确定的事物提供一种确定的感觉，从而使有把握的行动得以发生,信心将未来带到现在。齐美尔将信心描述为"社会中最重要的综合力量之一"①。因为它是涉及未来行为的假设,它能够作为实践行动的基站。首先,由于信心与行动之间的这种关联性,吉登斯认为,信任是信心的特殊类型,而不是与之截然不同的什么东西。② 在这一点上,吉登斯和巴巴莱特(J. Barbalet)的看法是一致的。巴巴莱特认为,信心与信任都是指向特定未来的一种积极的期待,都是对未来的一种情感态度。作为对未来的一种态度,两者都是行动和能动性的情意基础。③

信任为什么会引起信心的提升?吉登斯是用二者的关联来定义信任的。他认为,信任是对一个人或一个系统的可信赖所持有的信心。④ 珍妮·X. 卡斯帕森(Jeanne X. Kasperson)和罗杰·E. 卡斯帕森(Roger E. Kasperson)也认为信任是信心的基础,信任包含四个关键组成部分,即承诺、胜任、关怀和可预期性。⑤ 可预期性是指信任是基于期望和信念实现的,信心正是基于可预期性。彼得·什托姆普卡(Piotr Sztompka)则认为,人们应对不可控制的困境会采取三种态度——希望、信心和信任。⑥ 前两者是指相信事情将会变好,相信好

---

① Georg Simmel, *The Philosophy of Money*, Routledge, 2011, pp. 178-179.
② 〔英〕安东尼·吉登斯:《现代性的后果》,田禾译,译林出版社 2000 年版,第 28—29 页。
③ J. Barbalet, Emotions Beyond Regulation: Backgrounded Emotions in Science and Trust, *Emotion Review*, Vol. 3, No. 1, 2011, pp. 36-43.
④ 王俊秀、周迎楠、刘晓柳:《信息、信任与信心:风险共同体的建构机制》,载《社会学研究》2020 年第 4 期。
⑤ 〔美〕珍妮·X. 卡斯帕森、罗杰·E. 卡斯帕森编著:《风险的社会视野(上)》,童蕴芝译,中国劳动社会保障出版社 2010 年版,第 200—210 页。
⑥ 〔波〕彼得·什托姆普卡:《信任:一种社会学理论》,程胜利译,中华书局 2005 年版,第 30—33 页。

第五章
邻避设施建设中的政府信任

的事情会发生，而信任则是相信他人未来的可能行动的"赌博"。这一观点把信心与信任并置，信心与信任就成为影响风险沟通的重要因素。

一些使用相关数据的研究结果表明，TCC 模型在风险认知领域具有较高的适用性。TCC 框架可以用来解释许多没有明确引用该模型的研究结果。例如，梅特莱确定了信任的两个组成部分：包含开放性、可靠性、完整性、可信性、公正性和关怀的情感成分（即信任）与基于能力和信心的能力成分（即信心）。① 弗鲁尔（L. J. Frewer）等使用半结构化访谈、汇编网格法进行了一项调查研究，确定了在不同来源中决定信任和不信任的两个因素。他们发现，良好的记录、准确性、知识或责任主要取决于信心，而责任、自我保护和既得利益主要取决于信任。② 布汀格（W. Poortinga）等也发现了这一现象。一个被贴上"一般信任"的标签，另一个则被贴上"怀疑"的标签。一般信任因素主要与能力和技能有关；怀疑因素主要与价值观有关。③ 怀特和艾瑟的研究表明，信任受风险管理者识别危险情况的能力（即信心）及其公开性和透明度（即信任）的影响。④ TCC 模型有助于识别大量信任

---

① Daniel Metlay, Institutional Trust and Confidence: A Journey into a Conceptual Quagmire, in G. Cvetkovich and Ragnar E. Löfstedt (eds.), *Social Trust and the Management of Risk*, Earthscan, 2010, pp. 100-116.

② L. J. Frewer, C. Howard, D. Hedderley, and R. Shepherd, What Determines Trust in Information About Food-Related Risks? Underlying Psychological Constructs, *Risk Analysis*, Vol. 16, No. 4, 1996, pp. 473-486.

③ W. Poortinga and N. F. Pidgeon, Exploring the Dimensionality of Trust in Risk Regulation, *Risk Analysis*, Vol. 23, No. 5, 2003, pp. 961-972.

④ M. P. White and J. R. Eiser, Marginal Trust in Risk Managers: Building and Losing Trust Following Decisions Under Uncertainty, *Risk Analysis*, Vol. 26, No. 5, 2006, pp. 1187-1203.

研究之间的共性。重要的问题是,公众需要如何信任政府机构,并接受其实施决策的建议?相关研究的结果表明,如 TCC 模型所述,这种感知能力和价值相似性对人们的合作很重要。该模型还表明,感知价值相似性比感知能力更重要。

第四节
邻避风险沟通中的政府信任

从上面的分析不难发现,信任是一个关键的心理因素,即使在不确定性和脆弱性很高的情况下,信任也可以降低公众对风险的负面认识,并通过主观信任来承担风险。[①] 公众的风险感知和风险管理者的信任之间存在负相关关系。因此,随着对风险管理者信任的增加,公众对特定风险源的负面看法将会减少。特别是如西格里斯特等所指出的,"如果个人信任作为权威机构的政府,则可以减轻对政府管理的设施的风险感知"[②]。也就是说,对风险管理政府实体的信任程度直接反映在个人的风险感知中。

因此,风险沟通的重要性越来越高。风险沟通发生在公众与各种利益相关者之间。换句话说,社区成员之间的风险沟通不仅仅是交换信息,而且还最大限度地减少了与利益相关者的冲突,并使民主协商和妥协成为可能。使用实质上民主的程序可以增加利益相关者之

[①] J. Flynn, W. Burns, C. K. Mertz, and P. Slovic, Trust as a Determinant of Opposition to a High-Level Radioactive Waste Repository: Analysis of a Structural Model, *Risk Analysis*, Vol. 12, No. 3, 1992, pp. 417-429.

[②] M. Siegrist and G. Cvetkovich, Perception of Hazards: The Role of Social Trust and Knowledge, *Risk Analysis*, Vol. 20, No. 5, 2000, pp. 713-720.

第五章
邻避设施建设中的政府信任

间建立信任的可能性,①先前的研究中已进行了经验分析。② 莱斯(W. Leiss)特别指出,在通过风险沟通引入新的系统或技术之前,专家和公众应该共同讨论和交谈,以促进政府、专家和公众之间信任的建立。③ 事实上,风险沟通的问题不是公众不能正确地了解科学,而是科学家不能正确地了解公众。所以,它强调需要通过参与和讨论达成共识,以减轻不必要的误解或不信任,并提高社会整体的收益。

风险沟通是多元利益相关者共同参与建构社会关系的过程,这种社会关系的核心是信任。风险沟通的关键问题是如何建立信任解决社会困境,博弈理论的研究表明在个人利益与共同利益较量时,通常出现的结果是竞争和资源的破坏。解决社会困境最有效的方法是集合信任,运用强制的结构性方法规定资源的贡献率和合理使用。这通常要求领导者具备足够的智慧,并具有能够执行决策的权威性和处罚的坚决性,而这在现实生活中非常困难。④ TCC模型研究表明,人们更愿意依附群体,这个群体共同开发资源,相互信任,共同承担责任,愿意以群体收益的方式享用资源。将自我利益转化为群体利益,群体财富转化为群体关系,这也是社会身份识别角度的核心观点。

事实上,信任不是理性的对立面,而是一种基于情感的策略,通过预期信任可能产生的结果,来弥合现在和未来之间的差距。这意

---

① Y. W. Kim and H. S. Lee, The Impact of Media Repertoire, Risk Perception, Risk Communication on the Acceptance of Nuclear Power: Focusing on the Moderating Effect of Trust, *Crisonomy*, Vol. 10, No. 4, 2014, pp. 1-25.

② C. W. Kim, H. R. Song, and W. J. Kim, Effects of Trust Through Risk Communications on Risk Perception-Focused on the Survey of Experts, *Crisonomy*, Vol. 11, No. 6, 2015, pp. 121-135.

③ W. Leiss, "Down and Dirty": The Use and Abuse of Public Trust in Risk Communications, *Risk Analysis*, Vol. 15, No. 6, 1995, pp. 685-692.

④ 王威:《环境风险沟通中的信任变量》,载《当代传播》2017年第3期。

从"邻避"到"邻里"
中国邻避风险的复合治理

味着信任不仅关系到公众对其他行为者和系统的信心,而且也关系到公众评估和判断其他行为者和他们自己对科学系统的理解能力。因此,信任是一种基于双重感知的情感关系行为方式。信任总是不对称的,所以说相互信任是错误的。相反,信任总是意味着信任的给予者接受了对信任接受者的依赖,同时也意味着风险沟通的根本目的不是建立相互信任,而是建立信任的基础和激励。所以,需要通过有组织的方式,来回应公众对利害问题的关切以理解决策。

现代社会中,传统的风险决策者与风险承受者相分离,公众对系统的信任存在两难困境:一方面,专业化的社会分工和不断加剧的各类风险迫使公众形成一种结构性依赖,他们期望并依靠组织系统提供安全保障;[1]另一方面,组织系统在风险管理中表现出的"无能"或"不忠"导致公众信任危机,并激发公众提出组织系统在风险管理和沟通中"有效作为"的诉求。[2] 这种困境暗含了一种信任转换逻辑,即普通公众将信任交付给组织系统,希望组织系统提供安全保障,而系统在回应这种需求时如果"未全力以赴"或"力不从心",将导致公众对组织系统不同程度的低水平信任甚至不信任。在风险沟通问题上,这种信任困境传递了一种矛盾情绪,即"想要信"却"不敢信"。吉登斯认为,公众对抽象体系的信任或不信任态度很容易受到对抽象体系初始认识的影响,以及知识更新的影响。[3] 威恩则认为,普通公众与政府公共管理系统间的信任关系取决于它们之间是否进行正式

---

[1] S. Harris Ali, Trust, Risk and the Public: The Case of the Guelph Landfill Site, *The Canadian Journal of Sociology*, Vol. 22, No. 4, 1997, pp. 481–504.

[2] W. Freudenburg, Risk and Recreancy: Weber, the Division of Labor, and the Rationality of Risk Perceptions, *Social Forces*, Vol. 71, No. 4, 1993, pp. 909–932.

[3] 〔英〕安东尼·吉登斯:《现代性的后果》,田禾译,译林出版社 2000 年版,第 79 页。

第五章
邻避设施建设中的政府信任

有效的沟通。① 吉登斯强调公众经验、风险意识、知识和能力会改变对信任的影响,魏恩则强调机会限制对信任的影响,这两种解释呼应了风险沟通中公众参与研究对公众参与意愿、能力和途径的讨论。②

在现阶段,要制定出适应信任缺失语境的风险沟通策略,而非一味地追求社会信任的建立。原因在于,信任缺失是一个广泛的、根本性的社会现象,一旦信任缺失,信任重建的过程就是需要多重举措共同促成的漫长过程。在这一路径下,相关学者总结出了一些信任缺失语境下的风险沟通策略。这些策略更为强调对风险承担者的赋权,指出了社会不信任语境下风险沟通的关键,在于权力的分享。③ 让受影响民众自始至终参与风险决策过程,在此过程中随时与他们交流态度、表明立场,并创新参与形式,以调动风险承担者和其他利益相关者的个人经验和判断。④ 在风险社会中,当公众密切关注潜在风险时,风险沟通者应该认识到,风险沟通不应仅是实际信息的传播,也不只是促进风险知识启蒙和行为改变,而是应该寻求更广泛的公众参与,尽可能减少风险给公众带来的损害和不公平。因此,风险沟通的关键任务就在于培育一个使得风险信息能进行双向沟通交流的合作环境,便于各方利益参与者在相互信任的前提下都能作出自己的评判和决定。信任产生合作,合作培育信任,风险沟通的理想状况应该是通过促进社会信任来缓和社会矛盾,实现风险治理。

---

① B. Wynne, May the Sheep Safely Graze? A Reflexive View of the Expert-Lay Knowledge Divide, in S. Lash, B. Szerszynski, and B. Wynne (eds.), *Risk, Environment & Modernity*, SAGE Publications, 1996, pp. 44-83.

② 龚文娟:《环境风险沟通中的公众参与和系统信任》,载《社会学研究》2016 年第 3 期。

③ R. E. Kasperson, D. Golding, and S. Tuler, Social Distrust as a Factor in Siting Hazardous Facilities and Communicating Risks, *Journal of Social Issues*, Vol. 48, No. 4, 1992, pp. 161-187.

④ 曾繁旭、戴佳、王宇琦:《风险行业的公众沟通与信任建设:以中广核为例》,载《中国地质大学学报(社会科学版)》2015 年第 1 期。

第六章
基于风险社会放大框架理论的邻避舆情传播

自 2006 年厦门 PX 事件开始，2014 年杭州垃圾焚烧厂事件、2016 年连云港"反核废料"事件等陆续发生，中国的邻避运动开始频繁出现。在经济社会转型、快速城镇化的时代背景下，城市对垃圾焚烧站、PX 项目等设施的需求与日俱增。同时，人们的权利意识和风险意识不断提升。因此，每一次邻避事件都会引起一定规模的舆情关注，若处置不当则会造成风险的社会放大，从而引发群体性事件。

为应对邻避危机，众多研究指向了信息公开及公众参与的重要性。实际上，近二十年里，中国制定或修订了大量有关环境信息公开、公众参与等方面的法律规范、政策文件（见表 6-1）。确保信息公开及公众参与，是这些文件的根本要义。然而，实践中，部分地方政府在政策执行方面却"上有政策，下有对策"，由此引发了"项目悄悄上马、聚众反对叫停"的邻避舆情危机。众多实践案例证明，在公众权利意识提升、公共精神重拾的新媒体时代，地方政府忽视信息公开及公众参与的做法已不再可行，提升应对邻避舆情危机的能力迫在眉睫。

表 6-1　环境设施规划、建设的信息公开与公众参与规范梳理

种类	文件（年份）	形式
法律	《中华人民共和国环境保护法》（1989 年实施，2014 年修订）、《中华人民共和国环境影响评价法》（2003 年实施，2016 年第一次修正，2018 年第二次修正）	主席令
法规	《建设项目环境保护管理条例》（1998 年实施，2017 年修订）、《中华人民共和国政府信息公开条例》（2008 年实施，2019 年修订）、《规划环境影响评价条例》（2009）、《重大行政决策程序暂行条例》（2019）	国务院令

从"邻避"到"邻里"
中国邻避风险的复合治理

(续表)

种类	文件(年份)	形式
规章	《环境信息公开办法(试行)》(2008年实施,已失效)、《环境保护公众参与办法》(2015)、《企业事业单位环境信息公开办法》(2015)、《建设项目环境影响评价资质管理办法》(2015年实施,已失效)、《建设项目环境影响后评价管理办法(试行)》(2016)、《环境影响评价公众参与办法》(2019)、《建设项目环境影响评价分类管理名录(2021年版)》(2021)	环保部令
部门文件	《关于切实加强风险防范严格环境影响评价管理的通知》(2012)、《关于进一步加强环境影响评价管理防范环境风险的通知》(2012)、《关于当前环境信息公开重点工作安排的通知》(2013)、《建设项目环境影响评价政府信息公开指南(试行)》(2014)、《关于推进环境保护公众参与的指导意见》(2014)、《关于加强规划环境影响评价与建设项目环境影响评价联动工作的意见》(2015)、《关于进一步做好全国环保设施和城市污水垃圾处理设施向公众开放工作的通知》(2018)、《关于印发〈规划环境影响跟踪评价技术指南(试行)〉的通知》(2019)、《关于做好2019年突发环境事件应急工作的通知》(2019)	环保部或环保部(生态环境部)办公厅发文

在中国知网以"邻避"为关键词搜索相关文献,数据显示邻避研究的文献由2006年的1篇增加到2020年的129篇,说明国内学术界对邻避问题的研究越来越重视,也表明邻避问题日渐增长的社会现实。大部分文献沿袭社会运动的研究范式,聚焦于邻避运动的类型、影响因素和发展阶段,分析其因果机制及治理之道。鉴于近几年网络舆情研究日渐成熟,学术界也出现了少量针对邻避舆情方面的研究,学者们主要围绕舆情演化、舆情传播、舆情引导三个方面展开探索。

舆情演化方面,史波从形成机理、发展机理、变异机理、作用机理和终结机理分析了公共危机事件网络舆情的内在演变机制;[①]钟慧玲

---

① 史波:《公共危机事件网络舆情内在演变机理研究》,载《情报杂志》2010年第4期。

第六章
基于风险社会放大框架理论的邻避舆情传播

等则采用系统动力学方法,从媒体、政府、网民、事件和当地公众舆情主体构建了邻避冲突事件网络舆情演化模型。①

舆情传播方面,鉴于传染病传播方式与信息扩散机理的相似性,有学者运用经典 SIR 传染病模型研究网络舆论信息的传播路径;②彭小兵、邹晓韵构建了网络舆情传播的双阶段传染病模型,对反对邻避设施的集体行动动员两阶段的信息传播机理进行对比分析;③还有研究者借助传播学的相关理论如拉斯韦尔(Harold Lasswell)的"5W 传播模式"、拉扎斯菲尔德(Paul Lazarsfeld)的"两级传播模式"分析邻避事件的网络舆情传播机制。④

舆情引导方面的研究⑤多倾向于从转变政府职能、公信力建设、信息透明度、群众理性参与等方面展开,学者们探讨较多的是长效机制建设,但具可操作性的应急策略研究还不突出。

总体上看,仅有的几篇邻避冲突视角的舆情研究多倾向于线上的网络舆情,但却忽视了作为事发地公众的线下推动作用;也缺乏对邻避事件从邻避情结到邻避运动的舆情演化传播过程的深入研究;舆情应对策略的实操性也亟待强化。

---

① 钟慧玲、李伟、张冠湘:《"邻避"冲突事件网络舆情演化研究》,载《情报杂志》2016年第3期。
② 刘丹、殷亚文、宋明:《基于 SIR 模型的微博信息扩散规律仿真分析》,载《北京邮电大学学报(社会科学版)》2014 年第 3 期;许晓东、肖银涛、朱士瑞:《微博社区的谣言传播仿真研究》,载《计算机工程》2011 年第 10 期。
③ 彭小兵、邹晓韵:《邻避效应向环境群体性事件演化的网络舆情传播机制》,载《情报杂志》2017 年第 4 期。
④ 肖鲁仁:《邻避型群体性事件中网络舆情的监测与引导》,载《湘潭大学学报(哲学社会科学版)》2016 年第 1 期。
⑤ 左蒙、李昌祖:《网络舆情研究综述:从理论研究到实践应用》,载《情报杂志》2017 年第 10 期;刘丽丽、陈晨、兰月新:《政府对网络舆情引导与管控机制研究》,载《现代情报》2012 年第 5 期;胡珑瑛、董靖巍:《网络舆情演进过程参与主体策略行为仿真和政府引导》,载《中国软科学》2016 年第 10 期。

从"邻避"到"邻里"
中国邻避风险的复合治理

随着近年来风险的社会放大理论研究的持续升温,也出现了一些运用该理论来阐释邻避风险的研究。例如,邱鸿峰等从组织传播机制的角度去分析环境风险的社会放大过程,[①]而曾繁旭等从传播语境角度探讨了中国特有的风险放大逻辑与模式,[②]王刚等从污名化的视角研究了沿海核电的风险放大过程。[③] 社会放大理论借用了经典通信理论中的放大这一比喻,用来分析各种社会中介发出、接收、解读和传递风险信号的方式,与舆情的传播过程相吻合。邻避事件的舆情演化表现为酝酿、爆发、升级、平息的生命周期过程,事件中的集会、抗议等线下抗议活动与网络评论、发帖等线上舆情走向紧密结合,决定着邻避事件的发展、演化。因此,本章运用经典的 SARF 模型,结合已发生的邻避案例,从舆情发展的四个阶段分析其传播、演化机理,并提出差异化的舆情应急策略。

第一节
邻避事件中舆情传播的社会环境分析

中国已经进入环境敏感期,环境议题成为社会热点话题,由环境设施规划与建设而引发的邻避运动日益增多,为邻避风险研究提供了丰富的案例库。梳理从厦门 PX 事件到 2016 年的连云港"反核废

[①] 邱鸿峰、熊慧:《环境风险社会放大的组织传播机制:回顾东山 PX 事件》,载《新闻与传播研究》2015 年第 5 期。
[②] 曾繁旭、戴佳、王宇琦:《媒介运用与环境抗争的政治机会:以反核事件为例》,载《中国地质大学学报(社会科学版)》2014 年第 4 期。
[③] 王刚、张霞飞:《风险的社会放大分析框架下沿海核电"去污名化"研究》,载《中国行政管理》2017 年第 3 期。

第六章
基于风险社会放大框架理论的邻避舆情传播

料"事件,发现螺旋提升的社会环境为舆情传播、演化奠定了基础。

一、新媒体拓展了舆情传播的物理边界

中国的邻避运动与新媒体的蓬勃发展息息相关。2021年2月,中国互联网络信息中心(CNNIC)发布的第47次《中国互联网络发展状况统计报告》显示,截至2020年12月,中国互联网普及率为70.4%,网民数量达9.89亿。以网络民意表达为特征的网络社会的崛起,将人们带入"虚实交互、主体多元、舆情交织、数据浩繁"的网络生态空间。[①] 一些热点事件,如山东疫苗事件、美年大健康事件等,受众群体广泛,极易引发网络社会的关注。在社交媒体与风险媒介化交互作用的背景下,风险事件通过网络媒介的传播可以产生加倍的冲击力,造成风险的社会放大。现代化的转型是一个权力和意识形态不断分化的过程,公众抗议与风险批评不再被简单视为对公权力权威的挑衅,其正面建构作用一定程度上越来越被重视。[②] 当今中国面临的水体污染、垃圾围城、雾霾等环境问题已经成为重要的政治议题,公众环境权的维护也是生态文明建设的核心。由于表达机制尚待完善,公众在环境决策中难以发挥重要作用;但新媒体赋予了公众相对自由的公共空间,自下而上与"个性化"的传播模式不仅拓展了公众的权利主张空间,也放大了舆情传播的物理边界。传统媒体的过滤效应可能丧失客观公正的立场,但微博、微信、论坛等新媒体为公众行使环境权、表达权利诉求提供了畅通的渠道。新媒体使邻避

[①] 李昊青等:《网络舆情生态系统的失衡与优化策略研究》,载《现代情报》2017年第4期。
[②] 郭小平:《城市废弃物处置的风险报道:环境议题分化与"环境正义"的诉求》,载《中国地质大学学报(社会科学版)》2011年第1期。

事件短时间内形成舆论热度,传播至事发地的普通公众,进一步放大风险感知,为更广泛的参与群体构建利益共同体提供了基础,如上海金山PX事件中就有青浦、松江等地的民众自发组织前往金山区政府参与抗议活动,引发更大规模的公共危机。

二、"风险社会"下的网络舆论环境

自贝克提出风险社会理论后,现代化与风险社会共生并行的认识被普遍接受,在网络舆论社会中亦是如此。网络舆论环境是影响舆论事件传播的环境因子总和,包括技术环境与社会环境。技术环境是网络舆论的物理环境,以计算机、网络等为代表的新信息技术为网络舆论的生产与传播提供了技术与平台支撑。传统的权威媒体虽然是舆论事件传播的重要载体,决定着如何呈现争议,但以社交媒体为代表的网络舆论却使大众能非常方便地参与进来,极低的传播准入门槛为个体感知与传播提供了便利。微信、微博、新闻 App 等社交媒体在信息生产效率、传播范围、用户黏性等方面优势明显,成为人们认知世界的主要渠道。网络舆论生态的社会环境则是影响舆论事件产生及传播的政治、经济、文化等因素构成的环境。从现代报刊时期的舆论生成来看,知识精英多以"公共性"为旨趣,关注公共生活;网络时代则体现出强烈的"公众"特征,公众利用网络等便利渠道,通过情绪的聚集,完成舆论的生成、传播,促进事件的解决。① 随着中国社会的进步,公众的权利意识觉醒,对公权力的监督已经成为公众的生活日常。社交媒体拥有了新闻议程设置的优先权,公众可以在微博、微信等公共空间发言或转发值得关注的信息。因此,风险社会下的

---

① 焦德武:《公共性抑或公众性:观察网络舆论生态的两种视角》,载《湖南师范大学社会科学学报》2017年第6期。

第六章
基于风险社会放大框架理论的邻避舆情传播

社会环境与技术环境共同决定着网络舆论的总体走向。

三、他处的示范效应为舆情发展提供了助燃剂

梳理已有的邻避案例,大多事件均以项目停建或迁址而告终,"维护稳定"刚性体制为地方政府"冲突—妥协"策略选择提供了制度约束,从一定意义上说,通过施加压力以求得革新和创造,展示了公共精神的成长。但 PX 项目、垃圾焚烧站等中国经济、城市发展所急需的建设项目被承诺"永不再建",原子化个体的理性导致了公共社会的非理性,使得政府、企业、社会陷入"共输"状况。公信力的下降、投资者离开、公共设施短缺等困境是邻避风险社会放大的次级后果;此外,设施的污名化认知在每一次邻避事件中获得强化,为其他地区提供了"示范",造成再次级后果。PX 事件中的厦门、大连成为其他地区效仿的对象,在宁波(或茂名)PX 事件中极具感染力的话是:"厦门、大连不要的 PX 项目为什么要给我们宁波(或茂名)?难道我们宁波(或茂名)人的命就不值钱?"

四、政府信任下行的恶性螺旋导致舆情的靶向偏移

邻避设施的规划、建设及监管多属区、县等基层政府,"地方政府往往取代相关利益方成为民众抗议的对象,使得原本的'企业—民众—政府'三方博弈简化为官民两方博弈"[①]。在中国,公众对政府信任呈现差序格局,[②] 公众对基层政府的信任水平相对较低。在中国式邻避运动的场景中,公众集体行动的逻辑起点是基层政府不能很好

---

① 鄢德奎、陈德敏:《邻避运动的生成原因及治理范式重构》,载《城市问题》2016 年第 2 期。
② 李连江:《差序政府信任》,载《二十一世纪》2012 年 6 月号。

从"邻避"到"邻里"
中国邻避风险的复合治理

地履行监管责任。不信任导致一个下行的恶性螺旋,即公众越不信任,政府公共服务的效率就越低;反过来,政府越是以敌意应对公众,相关决策执行越难推进,公众就越不信任它。这种恶性螺旋使公众与政府处于紧张关系,从而使得多种社会问题被裹挟进来,舆情的影响范围不断扩大。风险源可能造成的后果如化工厂爆炸、垃圾焚烧站二噁英排放及由此导致的房价下跌等都会引发公众强烈的反应。一旦风险事件在某个地区发生,那么污名化就会在更大范围内传播。因为地域并不是孤立存在的,在公众的意象地图中,它们往往与更广泛的区域或拥有相似特征的地区相关联。尤其在政府结构相对单一的中国,各地风险项目的决策、运营、监管具有较高的相似度,一个地区所获得的风险体验会引发其他地区的污名化认同。当危险后果呈现后,公众开始担忧政府的危机治理能力、冲突化解能力,从而出现污名的涟漪效应。

第二节
邻避事件的舆情传播社会放大模型

从国内已经爆发的数十起邻避事件的历史演变来看,大多舆情的发展遵循着类似的轨迹:环境项目决策、线下诉求表达、线上不满集聚、线下非理性聚集、官方表态叫停。风险的社会放大框架理论认为,风险事件经过"信息渠道、制度结构、社会团体行为和个体反应共同塑造风险的社会体验,从而促成风险结果"[①]。从决策开始,政府有

[①] 〔美〕珍妮·X.卡斯帕森、罗杰·E.卡斯帕森编著:《风险的社会视野(上)》,童蕴芝译,中国劳动社会保障出版社2010年版,第85页。

第六章
基于风险社会放大框架理论的邻避舆情传播

意识或无意识地输出碎片化、片段化的信息,这恰恰是群体聚集反对的逻辑起点,项目的合法性遭受质疑,为舆情的酝酿提供了议题。从初始阶段跃迁为大规模、非理性的集体行动时,往往伴随着谣言或流言的传播,虽具有极大的负面效应,却能赢得社会认同。在"维护稳定"的政治约束下,地方政府召开新闻发布会,公开表态"只要社会没有达成共识,绝不启动",聚集的公众也会自动散去,舆情危机解除。邻避舆情的传播过程通常较为复杂,影响变量较多,为简化分析,本章从"酝酿—爆发—升级—衰退"四个阶段构建舆情的传播模型(见图 6-1)。

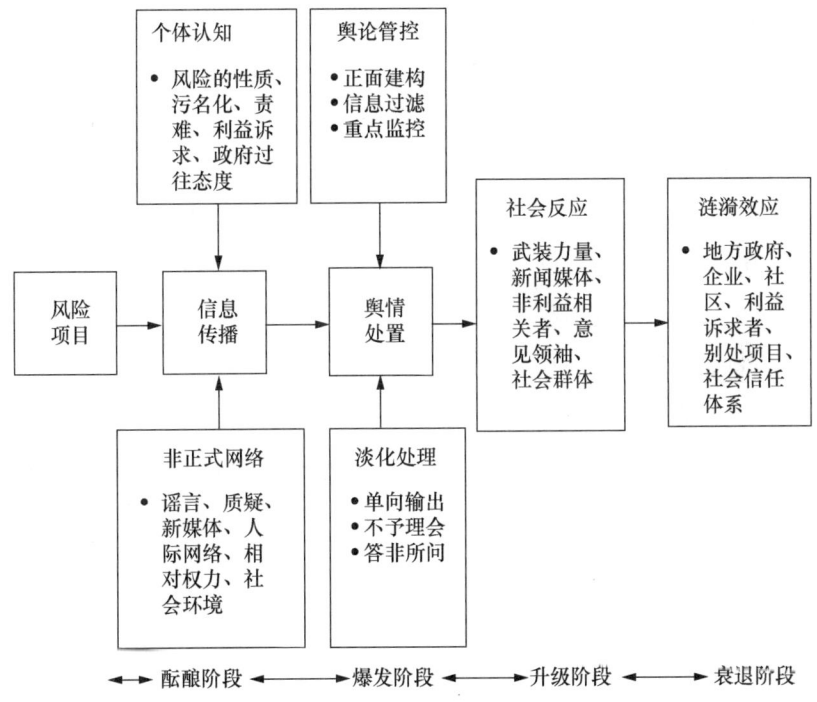

图 6-1 舆情传播的社会放大模型
资料来源:作者自制。

从"邻避"到"邻里"
中国邻避风险的复合治理

一、舆情酝酿阶段:信息不对称引发合法性质疑

根据 2018 年修正通过的《中华人民共和国环境影响评价法》(以下简称《环境影响评价法》),垃圾焚烧站、PX 项目等对环境可能造成重大影响的邻避设施在开工建设前须有周边群众意见调查,并进行项目信息、环评报告、征地补偿、安置规划等一系列相关信息的公示。政府拥有信息的绝对优势,民众往往通过小道消息、内幕消息等了解项目信息。项目建设前突然的信息公开,令民众措手不及,会在短时间内引爆舆论而触发冲突。环评报告、征地补偿等相关信息可能仅在项目所在地及环保部门的官方网站中某一个角落里"静悄悄公开",极少获得关注,这种做法容易招致对项目合法性的质疑。此外,公开数据的可读性差,无法使民众简单明了地获取项目相关信息,与《政府信息公开条例》的核心——"保障公众的知情权"相违背。2016 年的湖北仙桃垃圾焚烧厂事件中,官方表态就不能说是通俗易懂:"一期建设日处理 500 吨的生活垃圾焚烧炉,采用具有国际先进水平的逆推式、倾斜多级炉排的机械炉排炉技术,其中二噁英排放指标优于国内排放标准,达到世界最严格的欧盟标准。"[①]

在此阶段,舆情的主体即项目所在地的利益相关者、争议性的议题、百姓对项目的态度倾向等舆情的基本构成要素已经具备。项目所在地的利益相关者首先对自身的利益受损进行评估,信息的不对称又使公众倾向于将受损放大,产生相对剥夺感。这种相对剥夺感体现了百姓对争议性议题及其背后深层次社会矛盾的"刺激—反应"程度和关注程度。此时的舆情一般表现为线下事发地百姓小规模的

---

① 赵慧:《垃圾焚烧 躲不开的课题》,http://www.banyuetan.org/chcontent/zx/mtzd/2016721/204278.shtml,2021 年 3 月 10 日访问。

第六章
基于风险社会放大框架理论的邻避舆情传播

利益诉求如常规的上访、找领导等,微博、论坛等网络影响力较低,即使有集体行动也未引起较大的舆论关注。若政府积极应对事件,采取合理措施,舆情就不会被放大。然而,基层政府官员会慎重考量信息公开过程中的利益关系及科层制体系自身的负功能,"利益主体的多元性和公共利益的两面性,加大了政府信息公开中利益衡量的复杂程度"[①]。孤立的经济利益诉求不具备新闻效应,若与污名项目、政府暗箱操作等联系起来则能够较容易地捕获舆论,个体关于风险的认知会通过非正式网络不断向外界传递,待舆论基本成熟,"并形成了一致对外的态势,群体性事件一触即发"[②]。

二、舆情爆发阶段:回应机制失灵阻隔双向互动

在舆情爆发阶段,更广范围内的利益相关者已经被动员起来,采取行动维护他们的价值判断,但他们仍然是克制的,寄希望于合理、合法的渠道讨要说法、表达诉求。该时期舆情由酝酿阶段的分散、无序状态向集聚、有序转变,参与主体范围不断扩大,关注热度快速增长,舆情对象已经从拆迁等经济利益诉求转向保卫环境、守护家园等更具煽动力的生存权利守护层面,形成了不容忽视的意见群体。作为舆情应对主体的政府,此时若能采取有效的回应措施,舆情就会衰退。但大部分政府官员仍然态度暧昧或抱有侥幸心理,其舆情处理策略为:淡化处理;舆论管控。无论采取哪种策略,均是对公众权利诉求的被动回应,导致舆情危机向纵深扩散。

政府回应已经成为现代公共管理的价值追求,但不可否认,传统

[①] 王敬波:《政府信息公开中的公共利益衡量》,载《中国社会科学》2014年第9期。
[②] 赵树迪、周易、蔡银寅:《邻避冲突视角下环境群体性事件的发生过程及处理研究》,载《中国人口·资源与环境》2017年第6期。

从"邻避"到"邻里"
中国邻避风险的复合治理

的行政模式、思维方式、执政手段导致了政府回应从整体上看还处于低回应的状态。① 政府官员长期以来"我说你听"的单向沟通模式阻隔了公众与政府之间的沟通渠道。由于在权力结构中的支配性地位,基层政府的"淡化处理"只是表象,本质是政府官员权力的傲慢、治理理念的滞后和对民生的漠视。舆论管控是地方政府在舆情爆发后较常采用的策略,以防止"坏事传千里"。一般而言,舆论管控表现在三个方面:一是宣传部门的网评员发帖、顶帖、跟帖,引导网民理性看待垃圾焚烧站、PX项目等邻避设施;二是对网站的敏感信息进行屏蔽;三是对过激言论的网民进行监控。屏蔽信息、删除信息等舆论管控是对网络生态背景下的政府治理挑战的一种短视回应,极易引发民众负面情绪的蓄积。此外,邻避效应的地域性使区域内的非直接经济利益相关者参与进来,这种强连带关系通过网络得到强化。他们通过发帖、跟帖、转帖、留言等方式,抒发情绪、发表看法。此时的影响范围不断扩大,虽然地方政府会通过舆论管控的方式应对舆情,但地方政府控制的有限性与网络空间的无边性,为舆情的传播创造了条件,可能使区域化的环境风险上升为国家性的公共环境议题。舆情的影响范围不断扩大,而且由于邻避项目本身所具备的眼球效应,更易引起相关媒体的广泛关注。另外,项目暗箱操作、补偿猫腻、环境评价弄虚作假等种种可能与项目有关信息的深度挖掘,成为反对者集体动员的依据。2014年杭州萧山垃圾焚烧厂建设中,当地政府对周边69名群众进行了环境评价的意见征询调查,但数据显示其中50位是已经搬迁的拆迁户,部分群众"被投票"。公众寄希望于制度内表达诉求的愿望一旦落空,舆情危机就会显现,并可能导致聚众行为的出现,从而影响社会秩序的稳定运行。

---

① 陈新:《微博论政与政府回应模式变革》,载《上海行政学院学报》2012年第1期。

第六章
基于风险社会放大框架理论的邻避舆情传播

三、舆情升级阶段：强干预导致舆情增长性热议

随着冲突的爆发，问题有迅速升级的倾向，线上与线下更大范围的非直接利益相关者可能会参与进来，从而引爆舆论。风险已经放大，在"维稳"的政治压力下，地方政府必须进行风险干预，但强干预导致的风险脆性剧增，触发舆情进一步升级为官民矛盾。官民矛盾的话题具有敏感性，撑大了议题发挥空间，可能引发抨击政府的非理性声音及谣言，成为导致事发地冲突爆发的"最后一根稻草"。

在信息不对称条件下，关于邻避项目的负面报道、谣言和其他地区的示范效应会影响公众的判断。地方政府通过电视台、报纸、广播等传统媒体宣传相关信息、邀请专家进行解读等，对公众了解邻避项目确实会产生一定的影响，但由于在信息公开阶段的参与失灵，单向宣传易被视为"操纵舆论"，专家解读也可能被理解为"为决策背书"。在此过程中意见领袖往往能引导舆情的走向，他们不仅能清楚地表达出人们的关注点，而且能加强成员的群体认同感和失望感。网络舆情传播的强大力量会遮挡地方政府试图挽救的行为，随着人民网、新华网等大众传播媒体强力、连续介入，舆情关注热度得以升华，舆情的政治意义与社会价值凸显。

公安机关通常在处置群体性事件的最前端，警察需要确保社会公共秩序的顺畅。由于在聚集的群体中极易出现失控的状态，在部分民众采取了过激的行为，严重扰乱社会的公共秩序的情况下，警方必须采取措施，防止更大危险的出现。此时官方的舆论宣传、谈判可能会在空间上、心理上使公众产生与政府对立之感。同时，各方面蜂拥而来的舆论也可能激活在场者的同情、愤怒等情绪，使场面失控，打砸等暴力冲突的行为容易出现。

网络上,名人的围观鼓噪可能会将风险事件的网络舆论推向高潮。宁波 PX 事件中,反对 PX 项目在网络上成为一种必须表态的"政治正确",一些明星艺人点赞或者转发"宁波人好样的"。在一定的官民矛盾情绪的助燃作用下,网络极化行为影响了现实空间中的宁波民众。网络民意中的理性声音与情绪行为的碰撞,引发了更多非利益群体的围观。

四、舆情衰退阶段:政府妥协难使舆情终结

所有的冲突升级都会结束,冲突一方可能作出了妥协,或者通过谈判达成一致。在线上网民与线下居民的共同抵制下,政府通常最终妥协,承诺"没有达成共识绝不启动项目""迁址""永不再建"等。在政策刺激下,舆情逐渐消散,新闻媒体在对事件正面或者负面的评价后接近消失,关注热度断崖式下降,集中度逐渐分散。通常此时事件的理性思考逐渐回归,也会出现零星关于邻避设施必要性的讨论。项目被宣布取消,虽然满足了事发地外、网络空间等域外群体的舆论狂欢,但造成了区域内政府信任丧失、社区名誉扫地、相关者经济利益诉求落空、投资者离开的"涟漪效应"。虽然舆情的影响力和扩散力不断缩小,但"舆情的消退并非舆情的终结,舆情消退了也可能会再反复,特别是遇到相同或类似的话题便很容易形成连锁反应"[①]。

上述四个阶段的特征对比如表 6-2 所示。

---

① 王平、谢耘耕:《突发公共事件网络舆情的形成及演变机制研究》,载《现代传播》2013 年第 3 期。

表 6-2　邻避舆情传播四阶段特征对比表

舆情阶段	舆情核心	关注热度	传播速度	舆情集中度	线下行为
酝酿阶段	经济利益诉求	直接利益相关者	缓慢	分散无序	制度化渠道
爆发阶段	设施污名化	快速增长	快速	多头集聚	静坐、"散步"等非暴力
升级阶段	对立情绪	引爆舆论	稳定	寡头集聚	打砸等冲突
衰退阶段	政策刺激	断崖式下降	降低	分散有序	自行散去

资料来源：作者自制。

第三节
舆情危机的应对：邻避风险的弱化

网络已经成为社会舆论传播的主要通道，形形色色的信息内容和价值观念充斥着社交网络，虚假、有害的谣言及不负责任的煽动等环境噪音干扰着网络舆论的生态平衡。在网络舆论生态中，生产者、消费者、传播者极易表现出勒庞描述的"群体之盲"："既可能有极低的道德水平，也可以表现出个体根本达不到的崇高"[①]，由此导致网络舆论的生态环境复杂、多变。习近平总书记指出："网络空间是亿万民众共同的精神家园。网络空间天朗气清、生态良好，符合人民利益。网络空间乌烟瘴气、生态恶化，不符合人民利益。"[②]所以，需要对网络

[①]〔法〕古斯塔夫·勒庞：《乌合之众》，冯克利译，中央编译出版社 2005 年版，第 41 页。

[②]《习近平：网络空间是亿万民众共同的精神家园》，http://www.cac.gov.cn/2016-04/20/c_1118679396.htm，2021 年 3 月 10 日访问。

生态环境进行多维度的优化。

（1）从规制者的视角来看，要强化网络舆论生态的法治建设，综合运用技术、管理等手段强化对各种网络传播平台的源头治理；针对为不良信息传播提供空间的模糊地带、空白地带，需要理顺各管理主体之间的关系，有效解决治理过程中的职责交叉区、监管真空区等问题。

（2）对作为传播者的网民而言，绝大多数民众都希望有清朗向上的舆论生态环境，如果遇到有害信息可以随时举报。这就需要畅通网络举报渠道，建立对有害信息共同治理的社会监督体系。

（3）对意见领袖而言，他们一定程度上左右着舆论事件的发展走向，其中小部分确实是有所图谋的网络推手，唯恐天下不乱，其虚构的有害信息使社会风险进一步放大，这类群体需要严厉打击；但大部分人富有正义感、责任心，他们参与舆论事件的传播是基于自身的价值或情感认同。因此，需要加强对他们的监督与管理，既严厉打击造谣、中伤等网络失范行为，又能营造出相对活跃、有序的网络舆论环境。

舆情危机应对的核心是弱化邻避风险，即在舆情传播的过程中提前研判风险源，具体思路为：第一，从源头上阻止舆情的扩散，即通过权威在能见度与合法性方面双向介入，从而缩短权力距离，并适当放大合理信息以保证关键信息的披露；第二，如果风险信息扩散亦应该防止风险聚集所呈现出的危害性，通过稀释污名信息与重设参照物来达到去污名化的目的；第三，为了防治舆情应急失灵，通过关键节点识别与整体性治理的手段达到风险调适的目标。思路示意图如图6-2所示。

第六章
基于风险社会放大框架理论的邻避舆情传播

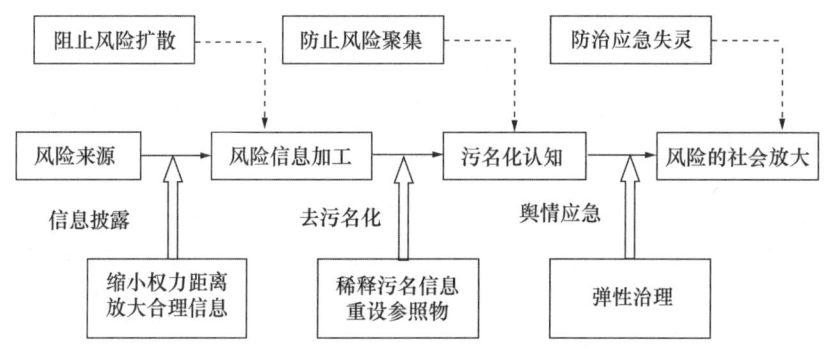

图 6-2 邻避事件中舆情应对的策略

资料来源：作者自制。

一、风险信息披露：缩小权力距离与放大合理信息

权力距离是指在某个国家机构或组织中弱势成员对权力分配不平等的可接受程度，反映了弱势成员权力需求的不满足状态。[①] 权力距离通过影响政府、公众对权力行使过程中的能见度、合法性等认知，影响组织的绩效。权力距离过大，可能会导致公众认为政府"高高在上"，相关决策也易被误解为政府单方作出的"精英决策"。过长的权力距离会阻碍权威信息的合理传播，为谣言等不实信息提供空间，从而为公众的逆向选择提供逻辑基础。缩小权力距离可使政府相关部门第一时间掌握舆情信息，主动出击，而不是被动回应。例如，通过进行公众调查、关键公众接触以及设置公众咨询委员会等恰当的方式，可以有效缩短权力距离，构建政府与公众间的正向关系，使舆情消逝在萌芽阶段。

在大数据时代，地方政府应该构建起用数据说话、数据决策、数

[①] 李鹏、李文慧：《权力距离视角下群体性事件中的政府领导行为研究》，载《领导科学》2017年第32期。

据治理的创新意识,将利益冲突涉及的政府、企业、公众等纳入大数据治理平台,提高治理的精准性。通过大数据平台,将邻避设施的安全性完整地展示给公众,辅以开放的公众体验机制,让公众通过实地参观,感受相关设施的安全状态、排放气味、环境监测等方面的情况,从而自主判断风险。另外,建议地方政府将谈判技巧作为公共关系处理的必修课,充分认识到舆情处理的表现落差,才能在舆情危机还未爆发时与公众进行有效的沟通。

二、去污名化:污名信息的稀释与参照物的重设

污名化被认为是风险的社会放大过程的主要反应机制之一,污名的源头是具有能典型地促成公众对环境风险高度认知特征的灾害。由于一些媒体危言耸听的报道与突如其来意外的发生,可能会使公众对风险的估计偏离真实情景,因此,如果具有内在危险性的项目要获得公众的认可,地方政府必须调整目标设定及相应行为。面对公众的质疑、反感,地方政府往往以环评报告、专家解读进行单纯的说理,但效果甚微。对此,地方政府须改变传统的舆论管控方法,采取更加灵活、更具说服力的手段,如成立社会代表监督小组、环保部门驻厂监管等,以此表明项目的安全性。2014年杭州"中泰垃圾焚烧厂事件"后,基层政府充分发挥能人效应,通过多次村民走访、组织村民外出考察、举办项目答辩会等方式重拾公众信任,改变了公众对垃圾焚烧厂污染、致癌的污名化认知,并于2017年建成运行。

公众所感知到的风险往往来自已有其他地区的示范效应,那么政府在去污名化时应该反其道而行之。地方政府可以通过自身的示范行动向公众展示支持性的证据。例如,为了破除移动通信基站辐射的污名化认知,海南省三亚市政府大院内建了一座移动通信基站,政府通过实际行动,取信于民,消除公众的辐射疑虑。因此,建议通过

第六章
基于风险社会放大框架理论的邻避舆情传播

让公众实地感受、体验等正面示范,消解公众的负面情感,降低邻避设施的风险感知。

三、增长性热议的舆情应急:弹性治理

当风险聚集的因素被识别后,舆情应急是必要的,但从治理的逻辑来看干预行为必须是恰当的。如果地方政府采取强硬的、直接的风险干预,极易使官民对抗。从国内的案例看,只要没有敌对势力的蓄意破坏,大部分风险事件是可控的,公众参与集体行动通常是希望得到与政府的"议价权"。因此,风险干预应该保持适当的弹性。美国著名行政学家盖伊·彼得斯(Guy Peters)曾提出弹性化政府治理模式,他认为"政府有能力根据环境变化有效回应新挑战"[①]。风险干预中的弹性治理是地方政府在正视危机的基础上,从企图改变冲突转变为自我参照学习,保持适应与转变的能力。

弹性治理使政府认识到风险干预的过程也是政府改变自身形象的机遇,只有当公众意识到政府与其无异的时候,信任才会被重构。由于专家容易被视为利益集团的代言人,建议将科普讲座、入户调查、意见征集等事务性工作交由党员、退休干部、社区楼组长等社会能人,通过他们在基层社区的纽带作用,搭建起公众与政府双向互动的桥梁,并发挥他们的熟人社会关系网络,以"滚雪球"的方式影响普通公众。另外,应急机制也应该符合弹性治理的理念,应当包括预警机制与反应机制,建议在群体聚集地设置多个舆情疏导点,不仅及时收集相关群体的诉求信息,更可以实时发布事件进展情况,有效压制谣言传播空间,稳定公众情绪。

---

① 〔美〕盖伊·彼得斯:《政府未来的治理模式(中文修订版)》,吴爱明、夏宏图译,中国人民大学出版社2013年版,第61页。

第七章
宁波、九江PX事件演化路径的比较研究

在中国,PX项目论证或选址建设大多引发公众不满,处置失当则可能演变为堵路、打砸等具有暴力色彩的群体性事件。PX项目背后面临着理性的困境:一方面,韩国、日本、新加坡等国家PX项目与公众和谐共处说明PX对环境污染较小,2014年PX"词条保卫战"也是对PX产品"低毒"的常识性科学论断的捍卫;另一方面,中国存在巨大的PX产品需求与供给失衡,2013年PX产品对外依存度为55%,GDP激励下众多地方政府希望能够引进PX项目。从长远来看,城镇化建设的背景下邻避设施的建设迫在眉睫;从国内实践来看,已有地区抵制此类设施规划与建设的抗议活动对其他地区有着示范效应。表7-1列举了PX项目在中国引发的典型事件。

表7-1 PX项目在中国引发的典型事件

年份	地区	人数	公众表达不满的方式	结局
2007	厦门	10000人	以"散步"的形式,理性、和平表达诉求	省政府决定迁至漳州
2011	大连	12000人	自发组织至市政府前集会	项目立即停产,尽快搬迁
2012	宁波	数千人	堵路抗议,有不理性、非法聚集等行为	坚决不上PX项目,停止炼化一体化项目
2013	成都	200人	警方提前开展"实战演练",大规模抗议活动失败,但仍有少数抗议者"散步"。市政府官方微博遭到网民集体围攻	在法定的正式验收前,禁止企业生产

从"邻避"到"邻里"
中国邻避风险的复合治理

(续表)

年份	地区	人数	公众表达不满的方式	结局
2013	昆明	3000人	在云南省政府前理性抗议,没有发生大的肢体冲突	昆明市政府:"大多数群众说不上,市人民政府就决定不上。"
2014	茂名	上万人	由理性、平和抗议演变为小部分人的不理性行为	社会没有达到充分共识前决不启动
2015	上海	数千人	在上海金山区政府门前静坐及游街示威	官方表态不会有PX项目,以后也不会有

资料来源:作者依据《人民日报》、人民网、财经网等相关资料整理而成。

转型期社会矛盾积聚,PX项目、垃圾焚烧站等环境问题成为公众情绪表达的通道,公共危机的治理显得尤为迫切。梳理上述事件,发现其中有以下几个特点:

(1)事件的扩大化趋势。PX项目在中国东、中、西部地区均可能引发争议,且公众参与抗议活动规模呈现出扩大化趋势。这缘于两个方面:一是中国生态环境恶化,PX项目在"环境敏感期"成为公众普遍关注的热点;二是随着中国社会由传统向现代转型,公众权利意识也在逐渐觉醒,邻避设施直接、间接的利益相关者比较容易被动员。例如,上海金山的PX事件中就有在青浦、松江等地的民众乘坐大巴车自发前往金山区政府参与抗议活动。在维护社会稳定思维模式下,地方政府如何应对愈加严重的反对PX的趋势?

(2)易引发不理性行为。参与个体在邻避冲突过程中,容易失去理性导致冲突升级,宁波、茂名等地均出现了堵路以及打、砸、烧等极端行为。有学者用勒庞的"乌合之众"理论来解释此种集体行动的群体心理行为。冲突升级的过程基本循着类似的轨迹:政府与公众的两极分化—情绪蔓延的集体激动—群体对立的规范失控—发泄不满

第七章
宁波、九江 PX 事件演化路径的比较研究

的社会传染。因此,避免群体暴力行为的关键就在于源头控制,避免政府与公众的认知鸿沟。然而,反对 PX 项目的抗议活动与政府公信力下降有关。那么,在公信力下降的背景下,政府如何才能使公众相信开展 PX 项目对己无害,甚至有益?

(3)"共输"结局类似。上述七起事件均以项目停止或迁址的结局告终,从一定意义上说,这表现了地方政府充分尊重民意。但 PX 项目、垃圾焚烧站等是中国经济、社会发展所必需的公共项目,其被承诺"永不再建",可以说是原子化个体的理性导致了公共社会的非理性,从而造成政府、企业、社会"共输"的局面。更严重的是,现代媒介使此类事件被广泛关注,给其他开展相关项目的地区带来了示范效应。例如,在宁波事件中被广为传播的一句话是"厦门、大连不要的 PX 项目为什么要给我们宁波",在集合的群体中,这样的语言无疑是有巨大影响力的。那么,用什么终结地方政府面临的"一闹就停"的窘境?

第一节
学者们眼中的邻避演化过程

邻避风险的演化过程体现了"政府—社会"的关系属性,通常表现为地方政府与公众的零和博弈过程。何艳玲[1]、熊炎[2]、张乐和童星[3]、

---

[1] 何艳玲:《"邻避冲突"及其解决:基于一次城市集体抗争的分析》,载《公共管理研究》2006 年第 4 卷。

[2] 熊炎:《邻避型群体性事件的实例分析与对策研究——以北京市为例》,载《北京行政学院学报》2011 年第 3 期。

[3] 张乐、童星:《公众的"核邻避情结"及其影响因素分析》,载《社会科学研究》2014 年第 1 期。

从"邻避"到"邻里"
中国邻避风险的复合治理

谭爽和胡象明①等进行的案例研究揭示了邻避危机从个体抗议到暴力冲突的演化过程:初始阶段通常是"静悄悄"的,其次是邻避项目信息的偶然获知与政府对相关言论的管控,然后进入邻避力量整合的"胶着阶段",直至正面交锋的冲突爆发。这些案例研究结果表明,"至少在邻避冲突的初始阶段,公众的反应是理性而克制的,表现在寻求制度化的解决途径,只有在利益诉求被长时间漠视、拒绝后才会引起非理性的突发性群体事件"②。当然,并不是所有的集体行动都会演变成群体性事件,谭爽、胡象明将集体行动划分为对抗行为、传播行为与自保行为三种类型,并指出"自保与传播属于社会可承受范围内的行为选择"③。在邻避危机演化过程中,动员者特质与动员能力是最为活跃的因素,④动员者所拥有的资源总量的大小及组织化程度将会决定集体行动的类型。彭小兵等指出,邻避效应有临界规模,当邻避效应达到临界点时,旁观者会不断加入,形成持续的动员效果,并突破边界演变成群体性事件。⑤ 因此,把握好临界点,进行反动员干预就显得尤为关键。

中国惯常的政策制定是"自上而下"的,政府官员认为信息公开或公众参与会带来决策的不确定性,公共权力的行使也自然地陷入单向传递的历史路径依赖。有研究揭示,邻避设施有时是在居民毫

---

① 谭爽、胡象明:《公民性视域下我国邻避冲突的生成机理探析》,载《武汉大学学报(哲学社会科学版)》2015 年第 5 期。
② 侯光辉、王元地:《邻避危机何以愈演愈烈》,载《公共管理学报》2014 年第 3 期。
③ 谭爽、胡象明:《邻避型社会稳定风险中风险认知的预测作用及其调控》,载《武汉大学学报(哲学社会科学版)》2013 年第 5 期。
④ 侯光辉、王元地:《邻避危机何以愈演愈烈》,载《公共管理学报》2014 年第 3 期。
⑤ 彭小兵、朱沁怡:《邻避效应向环境群体性事件转化的机理研究》,载《上海行政学院学报》2014 年第 6 期。

第七章
宁波、九江 PX 事件演化路径的比较研究

不知情的情况下出现的。① 拉贝的调查发现,当居民在没有心理准备的情况下,被告知邻避设施将出现在其社区周围时,第一反应便是诧异、愤怒,并会迅速组织起来表达不满。② 魏娜、韩芳研究了中国三个案例的邻避冲突框架建构过程,认为"暗箱操作"是激发集体行动的节点事件。③ 为避免群体性事件的发生,何艳玲提出了"政治对话",并认为其可以促成动态协商的达成。④ 事实上,协商性的对话不应该"亡羊补牢",更应该让利益相关者在项目决策之前参与,以减少冲突发生的可能性和解决冲突的成本。正是认识到信息不对称导致的"利益取向"问题,部分研究者将目光聚焦于公众参与领域。曼纳里尼(T. Mannarini)等对意大利高速公路的规划建设进行了实证研究,指出公共参与是避免邻避效应的重要因素。⑤ 中国学者普遍认为,公众参与的低效与缺失是邻避设施建设中的"漏洞"。⑥ 鉴于中国公众素质、政治素养等现状,公众参与未必是治理邻避冲突的良药,但陈宝胜认为政府主动引导的公众参与比刻意将公众排除在政策之外的

---

① 王彩波、张磊:《试析邻避冲突对政府的挑战——以环境正义为视角的分析》,载《社会科学战线》2012 年第 8 期;崔晶:《从"后院"抗争到公众参与》,载《武汉大学学报(哲学社会科学版)》2015 年第 5 期。
② 何艳玲:《"邻避冲突"及其解决:基于一次城市集体抗争的分析》,载《公共管理研究》2006 年第 4 卷。
③ 魏娜、韩芳:《邻避冲突中的新公民参与:基于框架建构的过程》,载《浙江大学学报(人文社会科学版)》2015 年第 4 期。
④ 何艳玲:《"邻避冲突"及其解决:基于一次城市集体抗争的分析》,载《公共管理研究》2006 年第 4 卷。
⑤ T. Mannarini, M. Roccato, A. Fedi, and A. Rovere, Six Factors Fostering Protest: Predicting Participation in Locally Unwanted Land Uses Movements, *International Society of Political Psychology*, Vol. 30, No. 6, 2009, pp. 895-920.
⑥ 高国宾:《论邻避设施建设中有序的公众参与——以合肥市高铁南环线的建设为例》,载《改革与开放》2015 年第 1 期。

从"邻避"到"邻里"
中国邻避风险的复合治理

"隐蔽决策"更为理性和必要。①

公众基于理性思考、实践感知、心理预期等对于政治制度、政府及政策、公职人员行为的信赖,能够降低公共管理成本,保障政策的顺利实施。② 王奎明、钟杨的研究显示,政府信任是影响邻避运动的重要因素。③ 贝拉(David A. Bella)等指出,公众反对核设施建设源自对美国能源部缺乏信心。④ 李小敏、胡象明认为,公众与政府、专家认知的差异性是"邻避事件发生的重要根源"⑤。通常公众所感受到的邻避设施的风险水平要高于专家所评估的,而且在决策不透明的情况下,政府、专家、企业有可能对邻避设施的风险避重就轻或隐瞒真相。利益受损者对政府的信任程度会影响其风险和利益感知,从而对其反应产生影响。⑥ 信任的流失通常是一个累积的过程,行政和司法透明、官员形象等均会影响到公众对政府的信任水平。如何提升邻避事件中的政府信任?美国国家研究委员会的研究显示,改善风险信息的沟通和交流,对提升公众的风险认知和政府信任的重建非

---

① 陈宝胜:《邻避冲突治理若干基本问题:多维视阈的解读》,载《学海》2015年第2期。

② 刘昀献:《当代中国的政治信任及其培育》,载《中国浦东干部学院学报》2009年第4期。

③ 王奎明、钟杨:《"中国式"邻避运动核心议题探析——基于民意视角》,载《上海交通大学学报(哲学社会科学版)》2014年第1期。

④ David A. Bella, Charles D. Mosher, and Steven N. Calvo, Establishing Trust: Nuclear Waste Disposal, *Journal of Professional Issues in Engineering*, Vol. 114, No. 1, 1988, pp. 26-50.

⑤ 李小敏、胡象明:《邻避现象原因新析:风险认知与公众信任的视角》,载《中国行政管理》2015年第3期。

⑥ Bart W. Terwel, Dancker D. L. Daamen, and Emma ter Mors, Not in My Back Yard (NIMBY) Sentiments and the Structure of Initial Local Attitudes Toward CO_2 Storage Plans, *Energy Procedia*, Vol. 37, 2013, pp. 7462-7463.

第七章
宁波、九江 PX 事件演化路径的比较研究

常重要。① 众多研究分析了公众对邻避设施选址或建设的抵抗运动，如厦门 PX 事件、宁波 PX 事件、广州番禺垃圾焚烧厂事件等。通过梳理文献，我们可以获得如下思考：

（1）邻避运动从风险演变成危机的过程已有众多文献进行研究，那么，公众从激烈反对演变成温和反对甚至支持的过程是否为上述过程的对立面？也就是如何通过案例研究来展示地方政府"反动员"的过程，使其成功摆脱"一闹就停"的"共输"境地，鲜有研究涉猎。这可能有两方面原因：一是国内此类实践匮乏，难以找到较为成功的案例进行研究；二是从学术研究的视角来看，批判往往比理论建构要容易得多，所以研究邻避冲突的"破坏性"要比分析其"建设性"更容易。

（2）邻避运动的解决需要在项目论证时有广泛的公众参与，但地方政府可能会在综合考虑多种因素情况下选择隐瞒相关信息。那么，如何遏止邻避运动发展到临界点？科普教育、协商对话等都是治标之策，根本的还是需要妥善处理政府—公众的关系。其实，公众反对 PX 项目，并不是因 PX 而反对 PX，更多是想表达被政府"善待"的诉求。

（3）政府信任在邻避危机处理中的作用已被相关研究正视，但在信任降低的背景下，增加信任的操作化描述比制度性设计更加迫切。事实上，具体事件的示范效应对塑造政府形象、重构政府信任远比政策宣传要有效得多。例如，日本大阪的垃圾焚烧厂就建在毗邻市中心的环境事业局附近。这种"以身作则"会大大增加公众对政府的信任，缓解邻避冲突的发生。

本章选择取得顺利进展的九江 PX 项目与宣布"坚决不上 PX 项

---

① National Research Council, *Improving Risk Communication*, National Academy Press, 1989, p. 143.

目"的宁波 PX 项目进行比较,二者都是在初期面临抵制,但最终命运却截然不同。通过比较,试图从中窥探到底哪些因素及怎样影响了公众选择反对还是支持,并尝试建立一个分析中国环境风险演化的逻辑框架。本章的核心观点是,在类似 PX 项目的邻避事件中,公众的态度演变是风险沟通与政府信任两方面往复互动、循环递推的结果。

第二节
宁波、九江 PX 事件的演化比较

相对于单案例研究,多案例研究通常可以获得更为严谨、一般化及可以验证的理论,核心是基于不同案例数据的比对、校准、复合。本章选取宁波、九江 PX 事件的演化过程为对象,分析在反对邻避设施建设的场域中,政府、企业、居民等利益相关者的互构关系。① 这样的案例比较有助于我们理解多元参与下的邻避危机发展模式。事件发展初期两地并无差异,都有网上热议、小规模的聚集等一般邻避运动常见的行为,但在中后期却显示了截然不同的发展轨迹。本部分通过比较研究,将事件发展的脉络、主导事件发展的行动图景呈现出来。

一、动员参与

邻避事件的初始阶段,并非直线升级为大规模群体的集体行动,而是呈现出个体理性抗议、集体理性表达的螺旋式提升过程。从个

---

① 除特别注明外,本节相关内容摘自刘波:《如何放心地与 PX 为邻?》,载《华夏时报》2014 年 4 月 7 日第 9 版;陈躲:《PX 的庐山初恋》,载《中国石油石化》2014 年第 10 期;陈晓:《宁波人的抗议:以 PX 的名义》,载《三联生活周刊》2012 年第 45 期。

第七章
宁波、九江 PX 事件演化路径的比较研究

体抗议转向群体抗议的过程,也是社会动员的过程。参与者一般是希望通过制度化渠道解决相关利益诉求,反对的行为零散、温和,宁波、九江两地在此阶段表现类似。

宁波 PX 冲突最初起源于村民的拆迁利益诉求。PX 项目所在的镇海区下辖村庄村民要求村庄搬迁,并断断续续地至区信访办反映诉求。2012 年 10 月 22 日,约 200 名项目规划地附近村落的村民以居住地离化工厂过近为由到镇海区政府上访,要求将村庄搬迁纳入新农村计划,部分村民情绪激动,围堵城区道路以示抗议。村民的拆迁诉求因"PX"一词触发了镇海区居民的关注点。镇海区居民通过网络论坛、QQ 群、熟人社会关系构建起高传播性的公共知识体系:"厦门、大连不要的 PX 项目为什么要给我们宁波",并促成了一种包含社会认同感、风险社会下的群体心理和环保主义逻辑的意识形态,停建"镇海炼化扩建一体化项目"尤其是 PX 项目成为新的、更大范围的利益诉求。

相比之下,九江 PX 项目中居民没有直接的利益诉求,2012 年 4 月、9 月的两次环评公示及 2012 年 10 月的问卷意见调查都比较顺利、平稳有序。事实上,九江 PX 项目在两次环评公示中顺利进行,得益于九江石化在 30 多年的时间里"与周边居民和谐相处,带动了居民生活的改善,也没有给大家造成爆炸、污染等令人不安的印象"。宁波镇海炼化公司曾经给当地居民带来巨大的经济利益,但在经济社会发展过程中与城市、村庄的联系逐渐弱化,对资源的消耗却不断增加。九江 PX 项目在 2013 年 4 月进行了延伸公示,延伸公示期间昆明 PX 事件对九江项目产生了重要影响。QQ 群、网络论坛等反对九江 PX 项目的讨论非常热烈,90% 持反对态度。"PX 项目厦门不要了,大连也停了,宁波、昆明都不要了,为什么我们要呢?九江人就不要命了吗?"事实上,此类语言在每一次 PX 事件中都会被广泛传播,并且获得极高的社会认同。"短短一天时间内,九江论坛关于 PX 项

从"邻避"到"邻里"
中国邻避风险的复合治理

目网帖的点击率高达 23000 多次,回帖达 358 个。"①

二、邻避事件的拐点

群体的一个普遍特征是极易受到暗示,而且通过相互传染的过程,普通个体的冲动念头很容易变成行动。但是,群体狂热的升温需要时间,恰当的介入能够使群体恢复理性,但若介入失当,则容易造成群体的暴力行为。面对失控的社会秩序,地方政府通常会积极行动,有学者用"反动员理论"进行解释。

宁波镇海区人民政府发布《关于镇海炼化一体化项目有关情况的说明》,承诺"执行最严格的排放标准",并要求网民"共同维护社会和谐稳定大局"。随后,宁波市委、市政府召开全市领导干部会议,进一步部署维护宁波的和谐稳定工作,并面对面地听取公众关于 PX 项目的意见。

宁波政府的做法是地方政府在遇到此类事件后所惯用的,即发布说明、专家表态、媒体宣传、会议部署,但众多案例表明此种简单的应对策略往往事与愿违。相较而言,九江地方政府则将工作落到实处:启动应急机制,组建领导小组,将公众关心的热点话题编发宣传册,下发到每一个家庭。同时,重点针对教师、街道居民、公务员、网络意见领袖进行了 20 多场宣讲活动,并组织相关人员进入九江石化参观,实地讲解企业对安全生产的控制及科学管理。网名为"最后一枪"的网友将他实地参观企业的感受及现场图片传至网上,表达了作为一名坚定的反对者对政府工作的态度:"PX 并没有那么可怕,而且企业能够以那么坦诚的态度让我们走进去,足以说明他们的态度是值得我们信任的,希望大家能够理性地对待 PX。"

---

① 陈躲:《PX 的庐山初恋》,载《中国石油石化》2014 年第 10 期。

第七章
宁波、九江 PX 事件演化路径的比较研究

三、邻避危机的演化

在集体行动中,参与的数量、名人的支持、现场的处置等都容易使集体趋于无意识和无理性的状态。孤立的个人很清楚,在孤身一人时,他不能焚烧宫殿或洗劫商店,但是在成为群体的一员时,他就会意识到人数赋予他的力量,这足以让他生出杀人劫掠的念头。①

2012年10月27日,数千民众聚集在宁波市中心,高喊"PX滚出宁波"并散发传单,反对PX项目的建设,有人甚至喊出"市长下课"的口号。随后民众与现场处置的警察发生冲突。地方政府动用警察等武装力量维持秩序,但给参与民众造成强大的压迫感,加之谣言的横行,使积累的愤恨达到临界点。媒体的大范围报道影响了民众对事态严重性的认知,风险信号通过各种途径的放大而慢慢被传播开来。偶然的事实、创造性的想象、情不自禁地信以为真,这三种因素便会产生一种虚假的现实,导致人们作出激烈的本能反应。②《宁波日报》的头版头条写道:"最近几天发生的一些不理性甚至非法聚集和打砸行为,已经严重影响到了广大人民群众的正常生活秩序,严重影响了宁波发展的稳定大局。"这样的措辞进一步恶化了政府与民众的对立关系,激怒了参与聚集的民众。10月28日,民众情绪高涨,参与数量一度达到5000人左右。在聚集过程中,有人传有群众被警察打死,甚至有网友贴出给死难者献花圈的照片。宁波PX事件中展现出的邻避风险演化过程如图7-1所示。

九江则完全呈现出不同的景象:到约定聚集的时间,只有十几个人来到九江市政府前,后来他们被请到市政府与PX相关专家进行面

---

① 〔法〕古斯塔夫·勒庞:《乌合之众》,冯克利译,中央编译出版社2014年版,第42页。
② 〔美〕沃尔特·李普曼:《公众舆论》,阎克文、江红译,上海人民出版社2006年版,第11页。

从"邻避"到"邻里"
中国邻避风险的复合治理

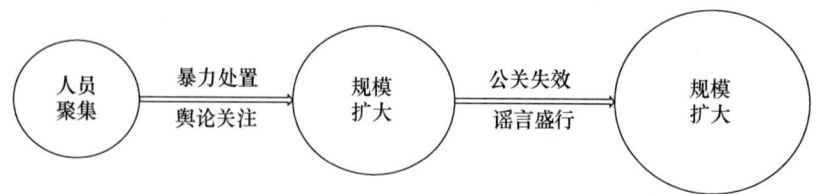

图 7-1 邻避风险的演化过程
资料来源：作者自制。

对面的交流。事实上，公众对 PX 项目的抗拒主要是风险社会下对高科技的风险想象，"万一发生了爆炸呢"成为公众参与反对动员的理由。面对面的风险沟通，有利于降低公众对未知风险的猜测而导致的恐惧感，增加公众的信任。因此，九江较为平稳地度过了邻避危机。宁波、九江两地的演化过程如图 7-2 所示。

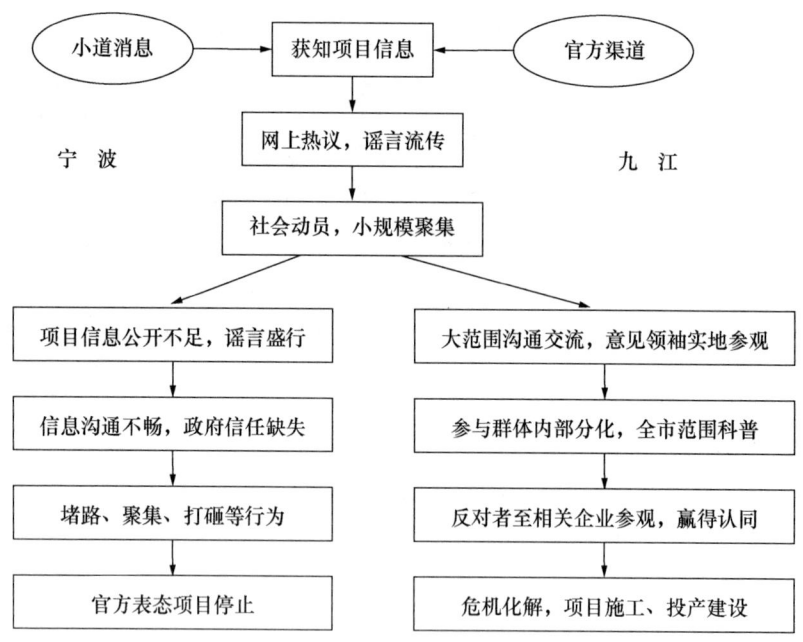

图 7-2 两地 PX 项目演化示意图
资料来源：作者自制。

第七章
宁波、九江 PX 事件演化路径的比较研究

四、后危机的处理

"效用主义"思路下"决策—宣布—辩护"的封闭模式,导致公共政策的合法性弱化,使得政策往往会走向失败。从上文的描述可以看出,宁波 PX 项目必将重蹈其他地区的覆辙——政策妥协:"为维护社会稳定、顺应民意,政府宣布'PX 项目停止推进,再作科学论证'的决定。"在民意汹涌、维稳形势严峻的社会生态下,唯有项目停止的决策才会使事态得到控制。但邻避运动中造成的政府信任降低、社会资源浪费等问题对当地发展的影响具有深远意义。

九江度过邻避危机后亦进行了一系列风险沟通工作,如成立工作组入户解释说明、全市范围内的科普宣传,降低居民的主观风险成本。在风险问题上专家和普通人的恒久分歧是所有社会科学中最有趣的难题之一,[①]因此,组织反对者到已有的 PX 生产工厂实地感受 PX 生产流程能够弱化不确定性的心理预期,扭转抗拒心态。政府组织了 70 人至金陵石化实地考察 PX 生产装置,当发现"PX 装置与金陵石化总经理办公室的距离仅 200 多米"时,示范效应远胜过枯燥乏味的数字说教。

九江当地居民说:"像我这个年纪的人,知道凡事有利有弊。经过多方面的了解,从我看来 PX 是利大于弊的。所以,我现在是比较支持上 PX 项目的。再说,我们都是上班族,哪有那么多时间盯着 PX,只要知道这个企业是什么样的态度就放心了。"当企业开放、公众可以近距离观察 PX 生产装置时,"所有的疑惑、猜忌、排斥都会有一个理性的分析和判断"。[②]

---

① 〔美〕凯斯·R. 孙斯坦:《风险与理性——安全、法律及环境》,师帅译,中国政法大学出版社 2005 年版,第 66 页。
② 陈躲:《PX 的庐山初恋》,载《中国石油石化》2014 年第 10 期。

从"邻避"到"邻里"
中国邻避风险的复合治理

第三节
PX 项目邻避风险化解的链条

比较宁波、九江两地 PX 项目的演化过程可以发现,顺利推进邻避设施建设的关键在于细致的风险沟通,并在风险沟通中赢得信任。众多此类案例表明,公众参与邻避运动,并非简单地就事论事,而是借邻避运动来宣泄心中的不满。因此,主要目标不应该是去解决所谓的邻避问题,而是通过弥合风险认知上的鸿沟,使邻避问题变得没有必要存在。①

一、政府回应

政府回应理论可以追溯到亚里士多德,但新公共管理运动使其重新成为学术界的热门话题。格罗弗·斯塔林(Grover Starling)指出,政府回应是公共管理责任的基本理念之一,是政府对公众所提要求作出超一般反应的行为。因此,回应性成为现代公共管理的价值诉求。但遗憾的是,传统的行政模式、思维方式、执政手段导致了政府回应从一定程度上说还处于低回应的状态。② 广东茂名 PX 事件中,政府获取信息的滞后性与事态恶化后反应的消极性,反映了当下部分地方政府回应机制建设的缺失。另外,部分地方政府不能及时回应公众需求也恶化了公众与政府的关系。例如,在昆明 PX 事件中,

---

① 唐庆鹏、康丽丽:《用地冲突,还是公共性危机?》,载《天津社会科学》2016 年第 1 期。

② 陈新:《微博论政与政府回应模式变革》,载《上海行政学院学报》2012 年第 1 期。

第七章
宁波、九江 PX 事件演化路径的比较研究

一位网民提问"项目有没有听证",昆明市政府回复为"在项目建设和生产过程中将本着对人民高度负责的精神,在相关区域设置环境监测网络,加强对企业全过程的监督检查,严格进行监测监管,确保企业达标排放"①。正是这种滞后的、单向的回应造成了信息需求与供给的断裂,透支了公众对政府的信任,形成了"你说你的,我说我的"的尴尬局面。

信息的公开透明是解决邻避问题的关键。为此,国务院办公厅在 2013 年发布了《国务院办公厅关于进一步加强政府信息公开回应社会关切提升政府公信力的意见》(国办发〔2013〕100 号),加强地方政府的回应能力建设。地方政府尤其是基层政府是社会治理的主体,其对公共政策的执行情况往往决定着法律法规的实施状况。其实,中国早在 2002 年就发布了《环境影响评价法》,要求对环境可能造成重大影响、应当编制环境影响报告书的建设项目,建设单位应当在报批建设项目环境影响报告书前,举行论证会、听证会,或者采取其他形式,征求有关单位、专家和公众的意见。政府作为信息资源的供给方,居于主导地位,而公众则是被动地接受政府提供的信息,实践中公众参与往往流于形式,甚至存在弄虚作假的情况。以 2014 年的杭州九峰垃圾焚烧厂事件为例,当地政府对周边 69 名群众进行了环境评价的意见征询调查,但数据显示其中 50 位是已经搬迁的拆迁户,部分群众"被投票"。

从可操作化设计层面来说,政府回应应注重以下方面的问题:(1)建立邻避事件舆情应对的应急机制,组建公安、环保、宣传等跨部门的协调机构,不仅利用报纸、电台、新媒体等进行正面引导和宣传,

---

① 资料来源:https://www.163.com/news/article/8U5R8PFF00014JHT.html,2021 年 5 月 6 日访问。

从"邻避"到"邻里"
中国邻避风险的复合治理

更要积极掌握网上活跃信息的诉求,并对活跃人员进行面对面的真诚沟通,传递正面信息。同时,组织相关人员深入社区进行宣传解释,消除公众对邻避设施的负面理解。(2)需要发挥微博、微信公众号等新媒体的渠道作用,形成政府回应的舆论倒逼机制,建议地方环保局局长开通微博,直播百姓关注的项目规划、污染事件及其处理情况,避免小道消息、谣言等非正规渠道消息的传播。(3)对百姓留言、提问等官方回复进行制度规范,明确政府回应责任主体,对答非所问、千篇一律等回应予以责任追究。

二、政府信任

2015年习近平在兰考县委常委扩大会上讲话时指出:"如果群众观点丢掉了,群众立场站歪了,群众路线走偏了,群众眼里就没有你。古罗马历史学家塔西佗提出了一个理论,说当公权力失去公信力时,无论发表什么言论、无论做什么事,社会都会给以负面评价。这就是'塔西佗陷阱'。我们当然没有走到这一步,但存在的问题也不谓不严重,必须下大气力加以解决。如果真的到了那一天,就会危及党执政基础和执政地位。"①

一般来说,面对公众对邻避项目的质疑、反感,地方政府往往以环评报告、专家解读进行单向的宣传教育,虽然对公众了解邻避项目确实会产生一定的影响,但效果往往都不理想。例如,关于通信基站辐射的问题,地方政府、电信运营商常常进行科普扫盲、数据对比,说中国关于通信基站辐射的标准只是美国的1/16,但这些枯燥的数字

---

① 《习近平在兰考县委常委扩大会上的讲话》,http://www.xinhuanet.com/politics/2015-09/08/c_128206459.htm,2021年3月10日访问。

第七章
宁波、九江 PX 事件演化路径的比较研究

一般较难为公众所认可。在"言"无力的时候就需要"行",通过示范效应告诉公众这个项目确实无害,以此弥补公信力的不足。2016年,三亚市委、市政府在其办公大院里建成了移动通信基站,通过自身的示范行动向公众展示支持性的证据。用实际行动证明靠近基站对身体无害,也就不怕有人用"既然无害为何不建在你旁边"来给抵制行动找理由了。市委、市政府的示范效应,可以做基站无害的最有力证明,因此当地民众对建设基站的抵制也大大降低。建设法治国家、法治社会,就需要充分发挥法治政府建设的先导、示范、支撑和带动作用。三亚市委、市政府的这种行为不仅仅破除了谣言争取了信任,更符合公众对公平正义、法治中国的渴求。

当前的政府信任研究基本聚焦于三个影响因素:政府绩效、社会信任、社会参与。第一个来自"绩效论"视角,如米勒[1]、杰克·西特林(Jack Citrin)[2],后两者来自"社会资本论"视角,如帕特南(Robert D. Putnam)[3]。在中国的社会建设中,更注重公众的社会参与,因为"社会参与促进了公共精神,增进了利益表达和利益集结,因而改善了地方社会治理,提升了政府绩效与政府信任"[4]。已有研究也指出了邻避危机中的公众参与是推动政府社会治理创新的积极力量,并提出了参与的对策建议。但是,通过梳理宁波、厦门、大连的案例,我们发现在邻避事件的发展过程中都有公众参与,如专家座谈会,市

---

[1] A. H. Miller, Political Issues and Trust in Government: 1964 – 1970, *American Political Science Review*, Vol. 68, No. 3, 1974, pp. 951-972.

[2] 〔美〕杰克·西特林:《政府信任的政治重要性》,周朗生译,载《国外理论动态》2012年第10期。

[3] Robert D. Putnam, *Making Democracy Work: Civic Traditions in Modern Italy*, Princeton University Press, 1993.

[4] 高勇:《参与行为与政府信任的关系模式研究》,载《社会学研究》2014年第5期。

从"邻避"到"邻里"
中国邻避风险的复合治理

长、书记与百姓面对面等,却最终仍逃脱不了政策妥协。阿恩斯坦(S. R. Arnstein)曾就公众参与提出了两个问题:什么样的交流方式是可行的?什么样的互动方式是建设性的?由此不免深思,公众怎样参与才能重构政府信任?①

1. 政府转变角色

在地方政府进行公共决策过程中,"精英决策"的思维惯性和路径依赖会导致实质性、深层次的公众参与不足。在公共精神不断加强的背景下,自上而下的决策模式已经不能适应新的社会环境。决策主体上需要从单一的政府主导转变为政府、利益相关者、社会组织和公众等多元主体的共同、有序参与,使"参与者通过矛盾和商谈的辩论,在原则上达到一致,在有争议的政治、法律和道德问题上取得意见统一,也就是用商谈争论的方法来达成统一"②,从而增加公共决策的合法性。实际上,基层地方政府官员对公众参与往往怀有矛盾情绪,他们认为公众参与虽有益,但势必会增加行政运行及行政决策的成本。但与"一闹就停"的公共决策"共输"结果相比,通过各类主体的良性互动将矛盾化解在最初的萌芽状态,达到"阻力最小化"无疑是各级政府所追求的。"最坏的事情莫过于在结果尚未适当讨论之前就匆匆地付诸行动。"③公共项目越是难以被公众接受,仓促行动的社会成本就越高,越需要多元主体的互动,并有针对性地满足利益相关者的合理诉求,矛盾就会化解在最基层。宁波 PX 事件的导火索

---

① S. R. Arnstein, A Ladder of Citizen Participation, *Journal of the American Institute of Planners*, Vol. 35, No. 4, 1969, pp. 216-224.

② 中国社会科学院哲学研究所编:《哈贝马斯在华讲演集》,人民出版社 2002 年版,第 79 页。

③ 〔英〕戴维·赫尔德:《民主的模式(最新修订版)》,燕继荣等译,中央编译出版社 2008 年版,第 16 页。

第七章
宁波、九江 PX 事件演化路径的比较研究

正是与 PX 项目相邻的南洪村和湾塘村的搬迁诉求没有得到满足，村民抗议，从而引发大规模的反对行为。在一些邻避事件中，地方政府认为只要拥有了环评报告，就具备了项目开展的科学依据，却忽略了公众的真正需求。因此，地方政府需要转变管理者的角色定位，转变成倾听、尊重民意的协调者，深入细致地开展群众工作。

2. 公众实地体验

邻避研究的一些文献指出，公众的科学素养不高，导致公众难以接受 PX 项目建设，因此应该进行科学普及。事实上，本章的案例对比发现，公众与专家在风险感知上存在偏差：专家关注于风险的量化及技术方面，公众则考虑潜在的灾难性后果及价值观方面的问题，所以单纯的专家说教对公众态度的效果影响甚微，而且容易产生负面情绪。公众所关注的不是"无害"，而是"安全，有何益"，客观的切身感受能够转变反对者的怀疑态度。九江 PX 事件中，地方政府组织 70 人到金陵石化参观 PX 生产装置，零距离接触 PX 项目，对改变公众的风险认知至关重要。因此，建议对邻避运动中的行动领袖、意见领袖进行精准定位，邀请其至相关企业参观。

3. 企业发挥社会责任

企业不仅仅是"经济细胞"，而且是"社会公器"，具有伦理属性，并需要承担社会责任。企业的社会责任是一个古老的话题，到 20 世纪 80 年代，大多数企业都将尊重和保护自然环境视为一项重要的社会责任。已有研究也证实了社会责任与企业长期绩效的正相关关系。但是，中国大部分企业在履行社会责任方面，尤其是在保护环境方面仍然存在较大的提升空间。例如，宁波 PX 项目所在地的环境质量呈不断恶化的趋势，客观上对公众的健康构成了威胁，而化工区附近居民对臭气的投诉明显增加。形成鲜明对比的是，九江石化与周边居民和谐相处，带动了居民生活的改善，也没有造成爆炸、污染等

从"邻避"到"邻里"
中国邻避风险的复合治理

令人不安的印象,赢得了公众和社会的信任,九江PX事件中担忧、恐慌的不是企业周围的居民,而是离九江石化很远、对企业不了解的人。因此,企业承担社会责任,赢得居民信任对顺利推进邻避项目意义重大。

4. 理顺政府与网络社会的关系

在一些网络群体事件中,存在公众与地方政府对立的情况,其根源在于政府信任存在着差序格局。另外,随着中国新时代社会主要矛盾的变迁,地方政府的"维稳"思维也需要作调整。因此,地方政府应转变观念,从单一管控走向社会服务,摒弃传统的"压力型管制"手段,转向更具弹性的"服务型协商"治理。不可否认,"只有当网民能理性看待网上舆论时,他们才会自觉维护网络空间的清朗,成为网络舆论生态建设的强大力量"[①],但其前提在于政府与网络社会的关系从割裂走向融合。"大事化小"和"小事闹大"是中国解决社会问题的两种传统思维逻辑,政府或企业可能会采取"大事化小"策略来应对压力和挑战,公众则可能会依据"小事闹大"的逻辑来进行利益表达,以获得解决问题的机会。[②] 当前我们需要重构地方政府与网络社会的关系,使地方政府与公众之间有沟通、对话的渠道,祛除"闹—解"的文化。在融合的网络舆论关系中,信任贯穿于信息生态链的始终,它可以降低社会环境的复杂性,从而使生活更具预见性。2003年的SARS事件是政府依靠信任化解危机的经典案例:在全民恐慌的情况下,政府每天公布疫情信息、采取行动全力救治,政府信任处于高位,不仅成功化解了一场空前危机,而且提高了社会凝聚力。

---

① 王一彪:《新时代呼唤构建良好网络舆论生态》,载《人民日报》2018年4月19日第7版。

② 韩志明:《"大事化小"与"小事闹大":大国治理的问题解决逻辑?》,载《南京社会科学》2017年第7期。

第七章
宁波、九江 PX 事件演化路径的比较研究

图 7-3 展示了 PX 项目的邻避风险化解链条。

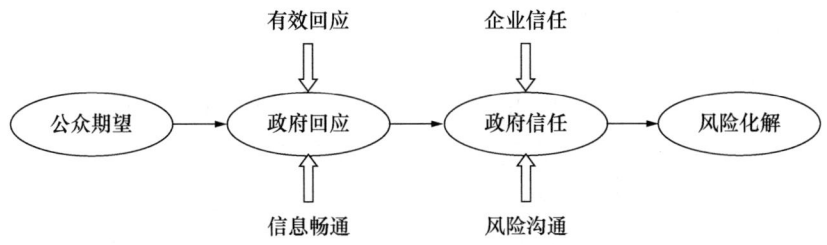

图 7-3 邻避风险化解链条
资料来源：作者自制。

第四节
PX 项目该走向何方

通过比较宁波、九江 PX 项目推进过程中地方政府的行动策略差异导致项目推进结果大相径庭，可以发现：(1) 在信息时代赢得公众支持，不能仅靠"通告""通知"等信息单向传输，而是需要大范围、面对面、细致的科普与宣传；(2) 在公众权利意识不断攀升的背景下，政府需要改变以往的效用主义决策模式，精准定位持不同观点群体的利益诉求；(3) 公众表达对设施的反对，往往并不是因为 PX 项目或者垃圾焚烧站有毒、有害，而是有效参与决策不足，以及担心设施建成后，地方政府对其监管不力造成环境侵害。因此，在信任困境的转型社会时期，PX 项目往往成为项目所在地公众对政府不满情绪的宣泄口。

虽然在研究过程中得出了以上几点浅显的结论，但鉴于研究范畴的框定，以下两个问题未能进行深入的思考，不过它们关系着中国式邻避运动的发展走向：

从"邻避"到"邻里"
中国邻避风险的复合治理

(1) 邻避的概念适用问题。奥黑尔(Michael O'Hare)首次提出了"邻避"的概念,指那些能够带来整体性社会利益,却对周边居民产生负面影响的设施,从字面意思来理解即"不要建在我家后院"。[①] 众多研究沿用了陶鹏、童星对邻避设施进行的分类:污染类、风险聚集类、污名类、心理不悦类,[②]将 PX 项目划分至风险聚集类,并沿用邻避理论对 PX 项目问题进行研究。但是,在梳理案例的过程中发现,九江 PX 事件中的积极参与者反倒是那些离化工厂很远,对企业不了解的居民。从区域范畴来说,九江市的居民反对 PX 项目是因为他们不想这类风险项目在本城市落地;从概念层面来说,企业已经赢得周边居民信任,所以周边居民并不认为存在风险的负面影响。所以,仍然套用"邻避"的概念来研究这个问题是否恰当值得探讨。

(2) 如何面对企业与所在村庄趋于瓦解的共同体?在计划经济时期,化工企业给所在地居民、社会、政府带来了巨大的福利,利益场域可以使公众忽略企业带来的负外部性。但随着经济的发展,化工企业对当地资源消耗不断增加,给当地百姓带来的福利却越来越小,与所在村庄的联系逐渐弱化。建立在集体经济基础上,融生产、生活、娱乐等功能于一体的村庄与企业共同体趋于瓦解,企业逐渐走向社会化、专业化,村庄则面临着个体化、原子化、空心化等碎片化困境。宁波市政府暂缓 PX 项目决策后,仍出现多方"共输"的局面:宁波市政府本应得到的项目分成无法实现;改善化工厂区周边环境的基本财政支出大幅削减;村民的利益诉求没有得到回应,村庄搬迁也遥遥无期。经过二十多年的快速发展后,化工园区如何反哺城市与乡村,赢得当地人的认同,值得企业家、学术界、决策层深思。

[①] Michael O'Hare, "Not on My Block You Don't": Facility Sitting and the Strategic Importance of Compensation, *Public Policy*, Vol. 25, No. 4, 1977, pp. 407-458.

[②] 陶鹏、童星:《邻避型群体性事件及其治理》,载《南京社会科学》2010 年第 8 期。

第八章
好事更好：
垃圾焚烧项目邻避困境的超越机理研究

良好的生态环境是实现中华民族永续发展的内在要求,更是增进民生福祉的优先领域。然而,随着中国城市化的快速发展,"垃圾围城"已经成为众多城市发展过程中面临的严重挑战,影响着全面建成小康社会的顺利实现。防范化解环境社会风险是当下社会治理亟待解决的难题,也对"打造共建共治共享的社会治理格局"提出了挑战。因此,从那些超越"邻避困境"的实践案例中去探究化解垃圾焚烧项目环境社会风险的机理,将有利于践行"人民城市人民建、人民城市为人民"的重要理念,破解"垃圾围城"的困境,使好事变得更好,实现城市的可持续发展与社会稳定。

第一节
挖掘邻避事件中的"建设性"

邻避的概念盛行于 20 世纪 80 年代,其核心思想是公众出于自身利益和狭隘的原因反对将邻避设施建在他们的社区周边。① 放眼世界,各国面临的不是邻避现象的孤立案例,而是一种加速的邻避综合征,即对专业知识的情绪化、非理性和系统性不信任,这有可能削弱国家解决重要环境和社会问题的能力。②

---

① P. Esalasson, NIMBYism—A Re-Examination of the Phenomenon, *Social Science Research*, Vol. 48, No. 4, 2014, pp. 185-195.

② T. A. Gibson, NIMBY and the Civic Good, *City & Community*, Vol. 4, No. 4, 2005, pp. 381-401.

从"邻避"到"邻里"
中国邻避风险的复合治理

2007年厦门PX事件犹如投入湖心的石子,推开邻避冲突的层层波澜。① 纵观十余年的中国邻避问题研究,已有文献总体上聚集于两个方面的问题。

一是"邻避危机何以愈演愈烈"②与"邻避冲突的治理之道"③。社会背景、风险认知、政府应对失策被认为是引发邻避冲突的三个主要因素。不可否认,转型期中国的政治体制更加开放、公众的自主性不断增强,为邻避运动的爆发提供了社会空间。何艳玲认为,在单位制影响逐渐弱化和社区运动的背景下,自利动机和环境保护意识高涨会诱发邻避冲突。④ 侯光辉等对"阿苏卫垃圾焚烧发电厂抗议事件(1994—2014)"进行实证研究,发现民众的风险感知是邻避冲突的主要肇因。⑤ 鄢德奎对531起邻避冲突个案进行样本分析后发现,传统封闭的决策模式和公众参与瓶颈导致当前的政策困境。⑥ 信息公开、公众参与、协商治理、经济补偿等是化解邻避风险的常见路径。麦克劳克林(D. M. Mclaughlin)提出邻避冲突的解决应该由政府起主导作用。⑦

---

① 谭爽:《"冲突转化":超越"中国式邻避"的新路径——基于对典型案例的历史观察》,载《中国行政管理》2019年第6期。

② 侯光辉、王元地:《邻避危机何以愈演愈烈》,载《公共管理学报》2014年第3期。

③ 王佃利、徐晴晴:《邻避冲突的属性分析与治理之道——基于邻避研究综述的分析》,载《中国行政管理》2012年第12期。

④ 何艳玲:《"中国式"邻避冲突:基于事件的分析》,载《开放时代》2009年12期。

⑤ 侯光辉、王元地:《"邻避风险链":邻避危机演化的一个风险解释框架》,载《公共行政评论》2015年第1期。

⑥ 鄢德奎:《中国邻避冲突规制失灵与治理策略研究——基于531起邻避冲突个案的实证分析》,载《中国软科学》2019年第9期。

⑦ D. M. Mclaughlin and B. B. Cutts, Neither Knowledge Deficit nor NIMBY: Understanding Opposition to Hydraulic Fracturing as a Nuanced Coalition in Westmoreland County, Pennsylvania (USA), *Environmental Management*, Vol. 62, No. 2, 2018, pp. 305-322.

第八章
好事更好：垃圾焚烧项目邻避困境的超越机理研究

二是邻避事件所蕴含的"建设性"价值。谭爽、李晖通过多案例研究,挖掘冲突中所蕴含的正能量,推动邻避事件由"破坏性"向"建设性"转型。① 斯坦哈特（H. C. Steinhardt）对2006年以来中国四起代表性邻避冲突案例进行实证研究,发现环境类的冲突事件对推动社会整体进步有显著的溢出效应。② 与"大部分研究者都是在总结既有邻避冲突教训与借鉴外部经验的基础上进行应然性对策设计"的思路不同,也有研究者开始关注成功解决邻避冲突的中国方案。张紧跟通过对广州番禺垃圾焚烧发电厂建设项目的案例研究,梳理了广州市政府成功治理邻避冲突的经验。③ 郝亮等以成功复建的杭州九峰、湖北仙桃垃圾焚烧发电项目为例,通过动力学视角对其进行剖析,以克服以往研究中存在的静态与线性等弊端,寻求"邻避困境"的根治之道。④

纵观已有文献:（1）由于冲突导致绝大多数邻避项目面临迁址另建或者搁置的窘境,所以"关于中国邻避冲突治理的研究仍然集中于冲突何以发生以及地方政府何以治理失败,却很少探讨地方政府如何成功治理邻避冲突"⑤。仅有的寥寥数篇关于成功治理邻避冲突的文献也是对偶发案例的特殊性研究,缺乏通过多案例研究来揭示冲

---

① 谭爽、李晖:《"中国式"邻避冲突如何由"破"到"立"?——基于多案例的扎根研究》,载《中国地质大学学报(社会科学版)》2018年第4期。
② H. C. Steinhardt and F. Wu, In the Name of the Public: Environmental Protest and the Changing Landscape of Popular Contention in China, *The China Journal*, Vol. 75, 2016, pp. 61-82.
③ 张紧跟:《制造同意:广州市政府治理邻避冲突的策略》,载《武汉大学学报(哲学社会科学版)》2017年第3期。
④ 郝亮、郭红燕、王璇:《由"破"到"立":动力学视角下中国环境社会风险化解机制研究——以杭州九峰、湖北仙桃垃圾焚烧发电项目为例》,载《生态经济》2020年第4期。
⑤ 张紧跟:《制造同意:广州市政府治理邻避冲突的策略》,载《武汉大学学报(哲学社会科学版)》2017年第3期。

突治理的可行性与普遍性。(2)已有关于成功治理邻避冲突的案例也仅止步于防止"好事变坏",缺乏一定的延展性,如何使"好事更好"即邻避困境超越显然应该具有更高的价值关怀。正基于此,本章通过不同地方垃圾焚烧项目建设中邻避困境超越的多案例进行研究,梳理在邻避困境超越过程中的建设性路径,并总结影响邻避困境超越的结构、行为和规则。

第二节
邻避治理建设性案例的选取与收集

一、研究方法

"超越"是西方哲学传统中一个十分重要的概念,其指向目标是一种理想的境地,即从"此岸"到"彼岸"的逾越。① 例如,马克思的实践概念就是"对旧有的主客二分观念的超越,不仅强调了实践本身的动态性,而且真正做到把旧有的主客二分观念囊括进来,实现真正的统一"②。按照此种理解,邻避困境超越是地方政府的一种价值目标,所追求的是项目建设过程中不被邻避问题所困扰,因为其真正达到了利益相关者均满意的理想"彼岸",意味着"好事更好",显然不同于仅仅防止"好事变坏"的邻避困境化解。所以,邻避困境超越属于比较新的研究范畴,理论研究也是空白。科学研究过程涉及许多活动并不断循环,从理论开始的研究被认为是演绎导向的假设检验研究,

---

① 邹广文:《论马克思哲学的超越性维度》,载《马克思主义与现实》2016年第5期。
② 鲁克俭:《超越传统主客二分——对马克思实践概念的一种解读》,载《中国社会科学》2015年第3期。

第八章
好事更好：垃圾焚烧项目邻避困境的超越机理研究

而从观察开始的研究则被认为是归纳导向的理论建构研究。因此，本章采用扎根理论的方法进行研究。扎根是指研究以经验为主，根植于组织实质和复杂的日常生活中，其目的是解释与研究相关的某种行为模式而形成新的理论，而不是去验证已存在的理论。不同的研究者在使用扎根理论时，侧重点也有差异：格拉泽（B. G. Glaser）更强调理论或者归纳结论的涌现，斯特劳斯（A. Strauss）侧重系统的方法和有效的检验，卡麦兹（K. Charmaz）则强调研究者在理论建构中的角色和效果，从而被称为建构主义扎根理论。① 不管何种导向，扎根理论的基本研究逻辑是一致的：研究者深入高度情境化的现实生活中收集研究数据，对数据中相异或相似的事件进行比较和对照，不断进行数据的拆分、构念和整合，最后形成一个完整的理论故事。所以，本章试图研究垃圾焚烧项目如何从"污名邻避"变成"和谐邻里"，导致这种超越的规范化和程序化机制是什么，以避免其他地方政府重蹈"好事变坏"的覆辙，实现"好事更好"的价值追求。

本章对所收集的案例资料进行扎根理论分析，从中建立邻避困境超越的理论模型。邻避困境超越研究是一个多变量的动态耦合过程，不同地方政府面对不同的环境可能采取不同的行为选择，达到的超越效果也有差异，采用单案例的纵向考察达不到研究要求，故本章采用多案例横向比较研究。相对于单案例研究，多案例研究通常可以获得更为严谨、一般化及可以验证的理论，核心是基于不同案例数据的比对、校准、复合。由于扎根理论对资料的依赖性，案例选取和资料收集能够更好地为扎根理论分析提供素材，这使得其与案例研究方法相得益彰。

---

① 王刚：《海洋环境风险的特性及形成机理：基于扎根理论分析》，载《中国人口·资源与环境》2016年第4期。

扎根理论的整个过程包括确定研究问题、资料收集、编码、理论建构等四个方面。其中,编码是数据分析的关键部分,涵盖了开放编码(open coding)、主轴编码(axial coding)、选择性编码(selective coding)三个过程。具体研究流程如图8-1所示。

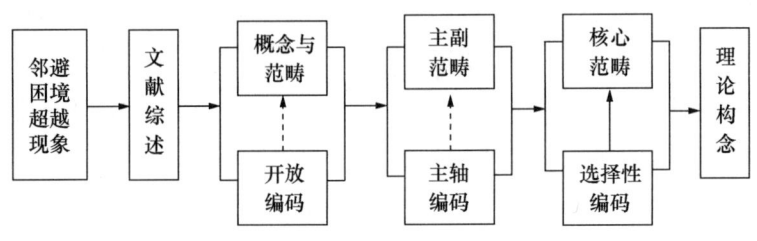

图8-1　研究流程示意图

图片来源:作者自制。

二、案例选取

虽然中国的垃圾焚烧行业已经进入"蓝色焚烧 3.0"时代,但却普遍面临着邻避困境。一些地方政府邻避困境超越的案例为本章的分析提供了素材。本章基于以下标准选择案例:(1)垃圾焚烧项目引发了邻避事件,当时引起持续关注、报道并产生较大影响,该项目被重启后取得成功,而不是另选他址;(2)邻避困境超越的过程完整,即形成了群体抗议、困境超越、成功上马的生命周期过程;(3)地方政府的行为对邻避困境超越的走向形成了决定性的影响。依据以上原则,本章选取了6个典型案例:杭州中泰垃圾焚烧项目、广东潮南垃圾焚烧发电项目、北京鲁家山垃圾焚烧项目、重庆丰盛垃圾焚烧发电项目、湖北仙桃垃圾焚烧发电项目、台北八里垃圾焚烧厂。

三、数据收集

为保证研究的信度和效度,本章通过深度访谈和新闻报道两种途

第八章
好事更好:垃圾焚烧项目邻避困境的超越机理研究

径获取资料。(1)对杭州中泰垃圾焚烧项目进行实地调研,对8位与项目有关的人员进行一对一的深度访谈,主要围绕"你如何看待这个项目""政府怎么做的""你为什么同意开工建设""建成后对你有何影响"等相关问题进行半结构化访谈;(2)以选取的案例为关键词,通过中国知网的"中国重要报纸全文数据库"从《南方周末》《湖北日报》《重庆晚报》《WTO经济导刊》《光明日报》《人民日报》《南方日报》等主流媒体提取相关深度报道、记者观察等二手数据。本章获取相关文献22篇,经过反复阅读和比较,最终保留12篇。通过两种数据收集方式,形成了7.8万字的文本材料,然后采用NVivo 12对数据文本进行编辑、编码和构念频数的统计等操作。

第三节
邻避困境超越的机理模型

扎根理论的三个基本要素是概念(conceptions)、范畴(categories)和理论命题(propositions)。本章主要通过开放编码挖掘相关概念、轴心编码提炼相关范畴、选择性编码整合并精炼理论。

一、开放编码

开放编码是对收集到的原始数据进行彻底研读,并识别出概念和发现范畴,以展示数据的特定类别。为了维护客观性的研究原则,开放编码过程中需要尽量保留能作为编码的原话。通过对相关数据的不断比较、整理和概括,本章得到了65个初始概念。对初始概念进一步收敛、凝练、对比后,最终抽象出19个范畴,具体如表8-1所示。

从"邻避"到"邻里"
中国邻避风险的复合治理

表 8-1　编码形成的概念与范畴

编号	范畴	概念
1	邻避困境	民众健康担忧 6　利益博弈 12　政府回应不足 10
2	不同主体合作	责任主体 2　联动机制 5　系统工程 3　协同机制 3　协调会 2
3	干部能力	干部现身说法 2　知识储备 4　观念提升 3　压力与责任 3
4	干部工作方式	工作到位 2　棘手难题化解 4　群众工作新思路 5　干部进村科普教育 7　细致的群众工作 4
5	回应居民诉求	项目答辩会 3　村民诉求 8　互动沟通 4　意见采纳 5　了解群众意愿 3
6	外出参观考察	实地参观 11　充分了解 6
7	命运共同体	睦邻关系 3　理性认识 2　共同担当 4　民生福祉 4
8	地方发展理念	以人为中心 3　发展新思路 2　体现民意 7
9	信息公开	群众知情权 3　公开透明 5
10	技术优势	技术成熟规范 4　世界领先水平 7
11	获得感	社会保障 3　一揽子优惠政策 4　改善村庄基础设施和环境 6　美丽乡村建设 7　社区回馈 7
12	多方共赢	小成本、大发展 3　招商引资 4　解决民生问题 6
13	生态补偿机制	利益重新协调分配 11　利益调节 13　经济补偿机制创新 9
14	规划合理	循环经济产业园 3　区域战略布局 2　合理规划 4
15	群众认同	垃圾厂办婚礼 3　与焚烧厂为邻荣耀 4
16	政府完成承诺	服务群众意识 5　说到做到 6　规划长久稳定 2
17	群众全程监督	监督新方法 3　居民去工厂工作 3　义务监督员 4　多方常态化监督 5
18	数据在线监测	实时监测 4　液晶屏全过程显示 8　数据全程上网 6
19	环保教育基地	焚烧厂环境漂亮 10　垃圾与艺术结合 6　主题公园 7　科普基地 11

注：概念后面的数字表示在编码中出现的次数。
资料来源：作者自制。

第八章
好事更好：垃圾焚烧项目邻避困境的超越机理研究

二、轴心编码

完成了开放编码之后，开始进行轴心编码。轴心编码关注在数据中浮现出的特定分类，去精练它并界定其特性。在轴心编码中，所考虑的是一个范畴如何与另一个范畴相互作用，本质上是将已经被分解的文本资料通过一条或几条线索重新整合起来。在本章中，将开放编码之后形成的19个范畴进行分类、组合，精炼出较高概括力的主范畴，以界定故事发展的特性。本章关注的是对邻避困境的超越，通过轴心编码，将与超越有关的开放编码抽象出的18个范畴精炼成6个主范畴，分别是：施政理念、科学规划、技术领先、风险沟通、共容利益与有效监督，具体关系如表8-2所示。

表8-2 编码形成的主范畴与范畴的关系

主范畴	范畴	关系阐述
邻避困境	民众担忧、利益博弈、政府回应不足	民众对身体健康、发展的担忧，引发利益的博弈，但政府遮掩、回避等恶化了政民关系，引发冲突
施政理念	地方发展理念、群众认同	以人民为中心的发展理念贯穿始终，群众心理上认同
科学规划	规划合理、政府完成承诺	科学合理的规划、保障规划长期稳定，宣誓政府不折不扣地完成承诺能够从源头上降低风险
技术领先	技术优势、外出参观考察	焚烧技术达到国际领先水平是基础，组织外出参观可以打消疑虑
风险沟通	不同主体协同合作、干部能力、干部工作方式、回应居民诉求、信息公开	信息公开与回应居民诉求能够稳定民心，这对领导干部的工作能力、方式提出了要求，需要多元合作

(续表)

主范畴	范畴	关系阐述
共容利益	命运共同体、获得感、多方共赢、生态补偿机制	民众、企业与当地政府都有所得，生态补偿机制可以强化获得感
有效监督	群众全程监督、数据在线监测、环保教育基地	全程监督、在线监测有利于促进完善发展，建设示范基地则体现自信

资料来源：作者自制。

三、选择性编码

选择性编码的目的是整合并精炼理论，从剖析出的主范畴中挖掘出核心范畴，理清它们之间的关系，并以故事线的形式来呈现构建出的理论框架。本章所有的主范畴都围绕"邻避困境超越"展开，因此界定"影响邻避困境超越的要素"为核心范畴。所构建的故事线为：施政理念贯穿垃圾焚烧项目的始终，科学规划有利于从源头上降低风险，技术领先则是项目获得认可的基础，风险沟通解决了与"我"无害的问题，共容利益解决了与"我"有益的问题，有效监督则体现了项目的自信。这6个要素构成了垃圾焚烧发电项目规划、决策、建设、运营的全过程生命周期管理，各要素共同作用，使得邻避困境超越得以实现，最终"好事更好"（见图8-2）。

四、理论饱和度检验

本章预留了一份访谈记录和两篇新闻报道共计三个采集样本进行饱和度检验。通过同样的方式进行三级编码，结果显示没有出现新的概念和范畴，也没有发现影响邻避困境超越的新逻辑关系，这表明上述编码的文本信息已经完全容纳了相关概念和范畴。因此，本章构建的邻避困境超越的机理模型通过了饱和度检验。

第八章
好事更好：垃圾焚烧项目邻避困境的超越机理研究

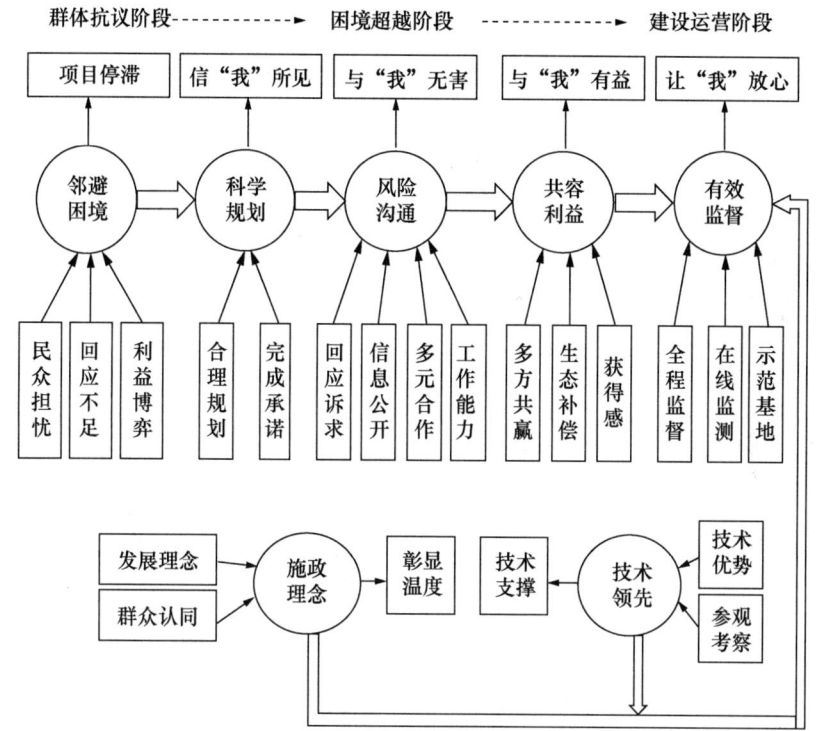

图 8-2　邻避困境超越的机理模型
资料来源：作者自制。

第四节
从"好事变坏"到"好事更好"

一、邻避困境超越面向垃圾焚烧项目的全生命周期

从垃圾焚烧项目引发邻避冲突的发展演化过程来看，全生命周期包括了事前、事中和事后三个阶段；从逻辑来看，全生命周期包括了

从"邻避"到"邻里"
中国邻避风险的复合治理

项目的规划、决策、建设与运营四个阶段。邻避困境超越贯穿于发电项目的全生命周期。本章所归纳的与邻避困境超越有关的 6 个主范畴及 18 个范畴均围绕垃圾焚烧项目的全生命周期展开。

（1）科学合理的项目规划有利于从源头上降低风险。在对案例文本材料的分析中，涉及规划的编码参考点有 22 个，如"项目是出于区域规划战略布局的需要""城镇规划需要科学合理的功能区划分""保障规划的长期稳定""政府完成规划就是完成对百姓的承诺"等。由此可见，科学规划这个要素发生作用不仅仅在于规划的科学性与合理性，规划的稳定性也同样重要。从众多邻避冲突的案例来看，政府规划往往是好的，但百姓会"选择性相信"，放大规划中的风险，忽视规划中的美好。

（2）决策阶段是项目的核心，影响项目的成败。技术领先、风险沟通与共容利益共同影响着决策的效率与公平。从文本信息中可以发现，垃圾焚烧项目的反对者可分为两类：一类真心希望没有污染；另一类则是冲着回馈机制而来。所以，决策阶段主要解决周边民众关心的两个问题：于我无害、于我有益。通过外出参观考察与技术优势两个范畴，构建起技术领先的主范畴，使公众了解当前垃圾焚烧技术的成熟性，打破所谓"环保人士"对垃圾焚烧项目"二噁英污染致癌""住在焚烧厂周围会断子绝孙"等污名化宣传的谣言。风险沟通则是通过多种方式化解民众"对健康的担忧"。共容利益是通过生态补偿机制，实现政府、民众与焚烧企业多方共赢，回应民众"对发展的担忧"。

（3）垃圾焚烧项目进入建设与运营阶段并不意味着冲突的终结，如果处置不当反而会引发新的矛盾与冲突。所以，由全程监督、在线监测、示范基地共同构成的有效监督是对焚烧厂的硬约束，提升周边民众的信心。无论是访谈还是在新闻报道中，监督都是民众反复提及的，涉及有效监督的编码参考点在文本中出现了 67 次，表明民众对

第八章
好事更好：垃圾焚烧项目邻避困境的超越机理研究

监督的重视。在重庆丰盛垃圾焚烧发电厂的案例中，发电厂给务农多年的周边村民廖大姐提供了工作岗位，廖大姐说："我到厂里上班之后，专门到处看了、闻了，确实干净，修得像公园一样，哪里有臭味嘛！"①

（4）以人为中心的施政理念贯穿于项目的全生命周期过程，项目的规划、决策、建设和运营4个阶段都以人民为中心、充分尊重民意，是这些案例中能够"原址重建的最重要启示"。唯有如此，方能赢得民众的心理认同。

二、垃圾焚烧项目从"污名邻避"走向"和谐邻里"的核心是风险沟通与共容利益

风险沟通与共容利益两个主范畴所包含的范畴与概念在深度访谈与新闻报道的文本材料中呈现次数最多，构成了邻避困境超越的核心要素。事实上，中国的垃圾焚烧行业经历了从"烧得起来"到"烧得达标""稳定达标"再到"价值溢出"的蓝色焚烧不断升级、跃迁的过程。但民众看待垃圾焚烧行业仍然停留在"烧得起来"的初始阶段，势必存在"健康担忧"与"发展隐忧"的问题，从而引发矛盾。从6个案例来看，项目能够获得原址续建，其核心在于地方政府一方面通过细致的风险沟通化解了民众对排放污染的担心，另一方面通过生态补偿机制增强了民众的获得感。

细致的风险沟通包含了信息公开、回应居民诉求、干部能力、干部工作方式、不同主体协同合作等5个范畴。充分的信息公开能够确保公众的知情权，尤其是在社交媒体的时代背景下，地方政府难以对

---

① 陶昆：《我市垃圾焚烧处理技术目前已相当成熟》，载《重庆晚报》2016年8月24日。

从"邻避"到"邻里"
中国邻避风险的复合治理

项目决策进行遮掩。与其等待民众"事情闹大"后的被动应急公开，不如关口前移，主动征集周边社区民众对项目的看法与意见。在杭州的案例中，地方政府主动召开了项目推进答辩会，"村民代表的问题一个接一个，像垃圾存哪里、怎么烧，二噁英和飞灰怎么控制、怎么处理，方方面面问个底儿掉"。只有合理意见与诉求被充分采纳后，民众才会产生成就感，同时也才能打破项目的神秘感。这对政府机关干部的工作能力与工作方式提出了更高的要求。杭州中泰街道办事处主任认为，"我们各级干部的知识储备需要加强，仅凭旧知识、旧观念去处理新问题，行不通了……可有些同志连专业术语也讲不清"。[①] 另外，细致的风险沟通是一项涉及多个层级部门、多个责任主体的系统工程，需要创新的联动机制与协同机制，以有序推进公共决策的各个环节。

共容利益的概念来自奥尔森（Mancur Olson），它使人们关心全社会的长期稳定增长。借用此概念，这里指垃圾焚烧项目有关的每个个体或组织都能在此项活动中获得激励，成为"共容利益"体，项目周边的社区会越来越繁荣。共容利益包含了命运共同体、获得感、多方共赢、生态补偿机制等 4 个范畴。从垃圾处理来看，焚烧发电是破解"垃圾围城"的重要手段，涉及公共利益与周边社区局部利益的平衡；从更广阔的空间看，人与自然、村庄本就是彼此相连的命运共同体。垃圾焚烧项目可以超越社区，通过生态共融，与所在社区成为命运共同体，守护美好家园。因此，如何通过生态补偿机制提高周边民众的获得感，实现多方共赢是每个案例都在努力呈现的。虽然不同地方的具体做法会有差异，如台湾地区的社区回馈金、广东陆丰的征地管

[①] 王慧敏、江南：《新时期群众工作新探索 杭州破题"邻避效应"》，载《人民日报》2017 年 3 月 24 日第 1 版。

第八章
好事更好：垃圾焚烧项目邻避困境的超越机理研究

理创新等，但总体上基本围绕三个方面展开：(1)以改善村庄基础设施和环境、实施解决就业问题的社会保障、开展美丽乡村建设为主要内容的社区回馈，实施对周边民众的一揽子优惠政策；(2)建立"谁受益谁补偿、谁影响谁受偿"的利益调节机制，使矛盾对立方转变成利益相关者；(3)通过土地指标扩容、致富项目引进、循环经济产业建设等政策倾斜，促进项目所在社区的经济繁荣与社会发展。

三、从"好事变坏"到"好事更好"，应实现从反应式治理向包容性治理的转变

蒂利(Charles Tilly)认为，"当前中国体制环境下所发生的集体行动，更接近于'反应性'而非'进取性'"[①]。本章所选的6个案例，地方政府都是在原有方式遭受抵抗"行不通"后的技术性调整。这种技术性调整是"维稳压力下地方政府应对危机的策略性被动反应，呈现出'刺激—反应'范式中的应急性逻辑"[②]。在众多邻避事件中，基层地方政府官员普遍认为项目属于公益好事，"长期以来，我们一直认为，人民政府就是代表人民的，决策后只需要埋头苦干就行了，忽视了与老百姓的有效沟通"[③]，最终出现民众抗议甚至演变成群体性事件，导致"好事变坏"。这是因为地方政府面临决策效率、执行效果的刚性约束，甚至夹杂着部门利益，面临着行政权力运行与民众利益诉求之间的内在紧张。

虽然中央政府制定了众多关于建设项目环境影响评价及公众参

---

① 转引自谭爽、李晖：《"中国式"邻避冲突如何由"破"到"立"？——基于多案例的扎根研究》，载《中国地质大学学报(社会科学版)》2018年第4期。
② 余敏江：《从反应性政治到能动性政治——地方政府维稳模式的逻辑演进》，载《苏州大学学报(哲学社会科学版)》2014年第4期。
③ 汪韬：《我在垃圾焚烧厂遇到了一场婚礼》，载《南方周末》2016年6月23日。

从"邻避"到"邻里"
中国邻避风险的复合治理

与的政策文件,使邻避设施的决策更具合法性,但"总体上地方政府治理过程依然是较为封闭的精英决策,公众利益表达以原子化、非正式和影响政策执行为主要特点"①。鄢德奎梳理了 2005—2016 年中国发生的 531 起邻避冲突案例,类型多、范围广、影响大是邻避冲突的典型特征。② 如此众多的冲突案例造成的风险社会放大及其涟漪效应值得各个地方政府认真反思。事实上,从本章 6 起案例的梳理来看,只要采取恰当的权力运行机制,地方政府完全可以实现"好事更好"的超越。这些机制具体包括利益平衡机制、深度参与机制、风险沟通机制及有效监督机制。在笔者进行的访谈中,有受访者表示:"如果街道一开始就采用现在的工作方式与方法,让我们大家看到这件事所带来的好处,我们何必闹成那样?"随着中国经济社会的发展,公众参与公共政策制定和表达个人利益诉求的意愿也越来越强烈,封闭式、仪式化的精英决策已经完全不能适应新时代的发展要求。因此,地方政府需要转变观念,不再将公众视为公共决策的被动接受者,而是利益攸关的合作者,走向包容性治理。"好事更好"意味着在公共设施的建设中,不仅实现了项目的顺利落地、带来了经济效益,更能为周边社区及民众带来实惠,促进经济、社会与环境的协调发展。赋予公众参与权、回应公众利益诉求、探索生态补偿机制、拓宽公众监督渠道等均是案例中给出的可行性路径。践行"人民城市人民建、人民城市为人民"的重要理念,就要以充满包容的人民生活为中心,"以美好生活为界限"③,提高人民城市的价值关怀。

---

① 张紧跟:《从反应式治理到参与式治理:地方政府危机治理转型的趋向》,载《中国人民大学学报》2016 年第 5 期。

② 鄢德奎:《中国邻避冲突规制失灵与治理策略研究——基于 531 起邻避冲突个案的实证分析》,载《中国软科学》2019 年第 9 期。

③ 何雪松、侯秋宇:《人民城市的价值关怀与治理限度》,载《南京社会科学》2021 年第 1 期。

第八章
好事更好:垃圾焚烧项目邻避困境的超越机理研究

第五节
垃圾焚烧项目实现"好事更好"的路径——植根人民

习近平总书记曾将"民惟邦本、政得其民"标举为中国古代治国理政的重要启示。这意味着无论时代如何发展变化,科学技术、体制机制、管理流程等都应围绕人民这个中心,带来更美好的生活。因此,为了推动垃圾焚烧项目顺利落地,实现"好事更好"的价值追求,需要地方政府进行三个方面的治理转变。

一、主导理念从躲避风险向智慧治理转变

随着信息传播的革命性变化和公众权利意识的飞跃式提升,地方政府应摒弃"捂、堵、拖"的维稳式工作思路,追求具有高阶思维的智慧治理。智慧治理不仅仅意味着科学技术的智能运用,更是地方政府执政智慧的价值体现。依托先进的焚烧技术打造的垃圾焚烧厂应该是智慧式、花园式厂区,实现污染数据在线监测的智能化处理,更应成为开放的公共空间。《垃圾焚烧行业民间观察报告(第五期)》的数据显示,"截止到2019年4月,全国(除港澳台地区)运营的428座垃圾焚烧厂中有24%的焚烧厂监督性监测数据未能被获取,56%的焚烧厂烟气二噁英数据未能获取"[①],表明已建成的垃圾焚烧厂污染数据信息公开水平还有待提升。因此,在推进垃圾焚烧项目时,地方政府应着重加强智慧化厂区、环境信息实时监测方面的宣传力度,揭

---

① 资料来源:http://www.waste-cwin.org/node/2786,2021年5月6日访问。

升民众对项目的信心。

在项目推进的全生命周期过程中,各种利益、矛盾纠缠在一起,如何把握可用治理手段的边界则考验着地方政府的执政智慧。即在赋予项目周边社区利益空间的同时,又能维护城市的公共利益秩序;在风险沟通时能够保持足够的耐心,又具有较强的说服力;出现负面舆情时既能坚守底线,又能顺利化解风险。建议推进项目的地方政府充分吸取其他地方成功与失败的经验,广纳民意,探寻符合地方特色的项目推进之路。此外,需要强化顶层设计,解决法治缺失这个十分重要的制约因素。2016年12月,广东省人民代表大会常务委员会公布的《广东省人民代表大会常务委员会关于居民生活垃圾集中处理设施选址工作的决定》,是国内首部垃圾焚烧选址方面的政策法规,将设施建设中的政府责任、公众责任、补偿机制、纠纷解决机制等关键问题上升至地方法治层面,具有借鉴意义。

二、治理结构从单方强制向多元耦合转变

传统上"专家规划论证—政府宣布建设—民众被动接受"的单方强制路径造成了"好事变坏"的邻避困境。所以,"好事更好"亟须将民众主动欢迎置于首位。"民有所呼,我有所应",通过"呼"与"应"的耦合,实现共建共治共享的社会治理新格局。在举国关注治理能力现代化的时代背景下,地方政府推进垃圾焚烧项目过程中的治理创新更容易引发社会关注,因为不仅体现了地方政府的政绩与施政能力,更能激发社会创造力、赢得认同与信任。

垃圾焚烧项目涉及地方政府、临近社区民众、运营企业、广义的城市居民,不同主体的需求差异导致行为偏好的不同,多元耦合的关键就在于利益相关者的内聚共生。地方政府是项目推进的核心,其

第八章
好事更好:垃圾焚烧项目邻避困境的超越机理研究

首要作用在于搭建平台,诸如议事堂、答辩会、参观交流会等协商沟通机制,为多元耦合提供发生条件。临近社区民众是关键的利益相关者,他们是唯一的利益可能受损方,所以应充分发挥正向激励作用。建议赋予他们社区发展规划的参与权、项目建设与运营的监督权等深度参与的权利,保证项目既"无害"又"有所得"。运营企业和广义的城市居民都是项目的潜在获利者,建议建立"谁受益谁补偿、谁影响谁受偿"的生态补偿机制,最大限度地保障公平正义,有利于多元耦合的有序运行。

三、治理方式从刚性约束向柔性关怀转变

"小事闹大"与"大事化小"是邻避困境中民众与地方政府的两种行事逻辑。一些地方政府可能会依靠法律约束、"长臂管辖"、严管重罚等刚性约束的行政管治手段,试图"大事化小"。但从众多实践来看,刚性约束的治理效果并不好,而且容易引发制度性的"次生灾害"。激励、感召、引导、协商等柔性方法已经在前文的案例中被证实是现代社会治理的可靠方式,可以实现民心所向。虽然柔性关怀不适应时间紧、任务重的运动式治理,但对垃圾焚烧这种重大工程项目而言,可以提升权力运行的合法性与有效性,是地方政府需要强化的行政理念。

一方面,要充分利用各种基层治理资源,发挥他们独特的桥梁纽带作用。垃圾焚烧厂一般建在远离城市、毗邻乡村、仍是"熟人社会"的地方。当前全国各地都在探索"三治融合""三员联动"的基层社会治理模式,建议充分发挥老党员、老干部的政治优势,将其发展成为常态化、可倚靠的组织资源,因为他们政治强、觉悟高且具有很强的说服力与感召力,关键时刻能够稳定人心。经过适当的培训,使他们

从"邻避"到"邻里"
中国邻避风险的复合治理

在项目征集意见、风险沟通、利益协调、项目监督等全过程中扮演重要角色。

另一方面,地方政府的党政一把手应与项目周边民众进行面对面的沟通、交流,打破干群关系的"隔离墙"。建议以乡村振兴战略为着力点,大力鼓励民众对项目安全担忧、人居环境整治、美丽乡村建设、基层社会治理等工作建言献策,并及时反馈实用的意见建议,既能消除因信息不对称引发的误解,又能实现政民互动的有序、良性发展。

不可否认,本章研究内容亦存在一些不足和需要进一步讨论的地方。扎根理论建构的主要目的在于寻求对某一特定现象建立新的或更新的理论,因而特别强调数据分析的中心地位。① 理想的数据采撷贯穿于整个扎根理论的研究中。格拉泽认为"一切都是数据"(all is data),档案、文本、文献等都可以作为扎根理论的研究数据,但学术界普遍认为深度访谈才是扎根理论最常用的数据收集方法。② 因为质性研究的目的之一是能够使研究者获得参与者的内心体验,以此产生共鸣。虽然本章对杭州垃圾焚烧厂事件中的8位参与者进行了深度访谈,但限于种种条件的约束,另外5个案例均采用了二手资料。虽然在预研究中,本章特别对深度访谈资料与杭州事件的新闻报道进行了扎根理论构建的对比研究,并通过了饱和度检验,但如果另外5个案例也能采用这种方式,研究的质量将可能会有所提高。

此外,作为扎根理论的核心环节,连续比较要求研究者具备从浩瀚数据中提炼出概念与范畴的能力。当然,这种能力很难实现价值中立,因为其与研究者的世界观、立场与处境等因素息息相关。例

---

① 陈晓萍、徐淑英、樊景立主编:《组织与管理研究的实证方法(第二版)》,北京大学出版社2012年版,第272页。

② 贾旭东、衡量:《扎根理论的"丛林"、过往与进路》,载《科研管理》2020年第5期。

第八章
好事更好:垃圾焚烧项目邻避困境的超越机理研究

如,将与邻避困境超越有关的18个范畴概括、凝练成6个主范畴,不同的研究者呈现的结果会有一定的差异。扎根方法所提炼出的理论究竟是通过数据层层对比的自然呈现还是在与被研究对象的互动中建构出来,学术界仍然存在较大的争议。在数据收集的深度访谈及相关新闻报道中,鉴于专业及能力的限制,采访者很难做到对受访者们情境互动的深层理解。所以,本章层层推演出的理论可能有一定的"建构成分"。

最后,格拉泽提出了扎根理论编码的"6C"维度:原因(cause)、语境(context)、偶然性(contingencies)、结果(consequences)、协变性(covariances)和条件(conditions)。[①] 由于研究主题和篇幅的限制,本章并没有对此展开研究。这些研究的不足有待在后续研究中进一步完善。

[①] 〔英〕凯西·卡麦兹:《建构扎根理论:质性研究实践指南》,边国英译,重庆大学出版社2009年版,第80页。

第九章
上海殡葬设施面临的邻避风险及其化解

2018年,民政部等16个部门制定了《关于进一步推动殡葬改革促进殡葬事业发展的指导意见》(民发〔2018〕5号),明确提出:"各地要立足当地群众殡葬服务需求,着眼长远发展,加紧制定和完善本区域殡仪馆、火葬场、骨灰堂、公墓、殡仪服务站等殡葬设施的数量、布局规划。规划时要严守生态保护红线,重点完善设施空白地区规划,调整优化基础薄弱或服务饱和地区殡葬资源结构,确保殡葬设施种类、数量、服务规模与当地群众殡葬服务需求相匹配、与殡葬改革推行相适应,并严格依照规划审批殡葬设施,做好殡葬项目'邻避'问题防范与化解工作。"

在国际标准中,60岁以上人口占总人口的10%,65岁以上人口占总人口的7%,则判定该国家或地区已进入老龄化社会。20世纪90年代以来,中国的老龄化进程加快。根据2021年5月发布的《第七次全国人口普查公报》,2020年11月1日,中国65岁及以上人口为190635280人,占全国人口的13.50%。与2010年第六次全国人口普查相比,65岁及以上人口的比重上升了4.63个百分点。[①] 性别间的死亡差异使女性老年人成为老年人口中的绝大多数。预计到2040年,65岁及以上老年人口占总人口的比例将超过20%。[②] 同时,老年人口高龄化趋势日益明显:80岁及以上高龄老人正以每年5%的速度增加,到2040年将增加到7400多万人。当前,中国正进入老龄

[①] 资料来源:http://www.stats.gov.cn/tjsj/tjgb/rkpcgb/qgrkpcgb/202106/t20210628_1818824.html,2020年5月11日访问。

[②] 《社会科学文摘》编辑部:《人口老龄化,政策要"年轻化"》,载《社会科学文摘》2020年第12期。

从"邻避"到"邻里"
中国邻避风险的复合治理

化的加速发展期。在老龄化加速发展的背景下,未来数十年内殡葬服务的需求量显著增加。① 无论是规划从业者还是普通群众,都认为殡葬设施在城乡服务设施中占有重要地位。但由于传统文化和"事死如事生"观念的深远影响,殡葬设施的规划在中国现行的城乡规划体系中似乎成为一种"禁区",中国大多数城市发展的总体规划中未将殡葬设施作为一种重要的公共服务设施纳入,规划管理也因依据不足而缺位。②

上海已经进入深度老龄化社会,截至 2019 年 12 月 31 日,上海户籍 60 岁及以上老年人口 518.12 万人,占户籍总人口的 35.2%,③对殡葬设施的刚性需求压力巨大。与此同时,殡葬设施设备陈旧、用地紧张,殡葬设施改造任务艰巨,需要新建一定数量的火化设施,有近一半公墓已接近用完,现有镇级公益性墓地大都没有列入当地城镇规划,突破殡葬用地限制迫在眉睫。殡葬设施规划和建设中,如果处置不当,就可能会出现邻避冲突,从而引发群众上访、聚集闹事等不稳定风险。基于此,本章采用实证研究的方法,运用问卷、访谈调查技术,分析殡葬设施建设中的邻避风险,给出风险破解的路径。

生与死是每个人都无法回避的。"死生亦大矣",这是人类的共识。料理亲人后事此等大事关系着复杂的伦理问题;进一步说,伦理道德往往支配和制约着殡葬礼仪和行为。④ 殡葬,顾名思义,"殡"解

---

① 王志宝、孙铁山、李国平:《近 20 年来中国人口老龄化的区域差异及其演化》,载《人口研究》2013 年第 1 期。
② 吕佳、张聪达、林静:《关于殡葬设施规划与建设的几点思考》,载《城市规划》2014 年第 5 期。
③ 吴振东:《上海户籍老年人口比例超 35% 老龄化程度再加深》,http://www.xinhuanet.com/politics/2020-05/24/c_1126025478.htm,2020 年 5 月 24 日访问。
④ 张绍春:《近代中国主流社会殡葬观念的演进》,载《湖南社会科学》2020 年第 2 期。

第九章
上海殡葬设施面临的邻避风险及其化解

作停枢,设施包括火葬场和殡仪馆,是提供遗体处置、悼念、守灵等殡仪服务活动及火化的综合性场所,上海的殡仪馆一般和火葬场设置在一起;"葬"解作藏,是对死者骨灰、遗体的存放方式,设施包含墓地以及其他骨灰存放地。所以,殡葬设施包括城市的殡仪馆和经营性公墓,是城市生活中不可或缺的公共设施,其选址通常具有良好的地质地貌状况、水文气候因子、适中的土壤和生物物种,具有有机和谐的生态环境。[①] 本章所研究的殡葬设施主要是殡仪馆、墓地等基本公共设施。

第一节
上海殡葬设施建设的需求与供给分析

上海已经进入深度老龄化阶段。表9-1的数据显示,自2009年以来,上海60岁及以上户籍老年人占户籍人口比例持续增长,2015年后,占户籍人口比例已经超过了30%,预计到2025年,上海市将达到老龄化的高峰,60岁及以上户籍老年人将超过600万,[②]全市对养老服务的总需求将平稳持续增长,各类养老服务设施的供给需要相应增加。

[①] 义传浩、周鸿:《论风水文化对中国传统丧葬文化的影响——兼论其在当代殡葬改革中的政策导向》,载《思想战线(云南大学人文社会科学学报)》1999年第2期。

[②] 陈里予:《2025年本市老年人超600万达老龄化的高峰》,载《新闻晨报》2014年4月11日。

表 9-1 上海人口相关数据

年份	死亡		自然增长		户籍老年人口	
	人数（万人）	死亡率（‰）	人数（万人）	自然增长率（‰）	人数（万人）	占户籍人口比例（%）
2009	10.67	7.64	−1.44	−1.02	315.70	22.55
2010	10.87	7.73	−0.84	−0.60	331.02	23.44
2011	11.11	7.85	−0.96	−0.68	347.76	24.51
2012	11.74	8.25	0.37	0.26	367.32	25.74
2013	11.67	8.16	−0.78	−0.54	387.62	27.07
2014	11.95	8.32	0.46	0.32	413.98	28.79
2015	12.42	8.62	−1.83	−1.27	435.95	30.23
2016	12.35	8.54	0.72	0.50	457.79	31.57
2017	12.64	8.70	−0.87	−0.60	483.60	33.24
2018	12.57	8.60	−2.73	−1.90	503.28	34.42
2019	12.52	8.54	−3.38	−2.31	516.55	35.16

资料来源：上海市历年统计年鉴。

同时，自 2009 年以来，死亡人口逐步增加。"十四五"期间，预计年均死亡人口达 14 万，高于"十三五"期间的 12 万—13 万，五年里约 70 余万具骨灰需安置，遗体火化量、殡殓服务量、骨灰安置量等刚性需求增长。

上海现有殡葬设施尤其是殡仪设施严重不足，亟待尽早规划进行殡葬设施选址，加大建设力度。表 9-2 数据显示，上海每台火化炉对应的人数居全国首位，远超全国水平。上海一方面面临着日益增长的死亡人数的刚性需求，另一方面则是殡葬设施的超负荷运转。上海的殡葬设施改扩建或迁址新建迫在眉睫。

第九章
上海殡葬设施面临的邻避风险及其化解

表 9-2　2016 年殡葬服务数据对比表

指标	广东省	北京市	上海市	全国
火化炉（台）	432	82	96	6206
火化遗体数（具）	473186	101254	128439	4718141
每台火化炉对应人数	1095	1235	1338	760

资料来源：《2017 中国民政统计年鉴》，https://www.yearbookchina.com/naviBooklist-N2017110010-1.html，2021 年 3 月 10 日访问。

殡葬设施具有典型的邻避特征，全社会都需要，但成本却由所在社区居民承担。因此，政府部门在进行决策时慎之又慎，环境风险评估和社会稳定风险评估也很难通过，导致近年来上海市有关殡仪馆为满足日益增长的遗体处理业务量而进行的原址扩建或迁址重建工程推进迟缓；公墓选址也遇到同样的问题，陷入了政府与民众的"囚徒困境"中。在殡葬邻避空间和城市空间的互动下，伴随着老龄化的加剧和城市规模的扩大，旧有的殡葬空间将会因为周边地区的繁荣而受到排斥，殡葬邻避空间通常面临着原址扩建或迁建两种方式。原址扩建可以挖潜利用地下空间、增加绿化、扩大服务容量，但要保证按照宾馆的形式来建殡仪馆，如青岛市殡仪馆，实现殡仪馆与城市空间的良性、合理互动；此外，迁建是当前更为常见的形式，即将殡仪馆搬迁至更远的、人口密度更低的地区。[①] 本章的研究对象是殡葬设施改扩建过程中民众的态度与意见。

---

① 吴云清、翟国方、詹亮亮：《城市邻避空间及其演变轨迹——以南京市殡葬邻避空间为例》，载《人文地理》2017 年第 1 期。

从"邻避"到"邻里"
中国邻避风险的复合治理

第二节
殡葬设施建设中邻避风险的社会放大案例

一、风险的社会放大理论模型

1988 年,美国学者卡斯帕森夫妇将风险的技术评估、风险感知和风险相关行为的心理学、社会学研究以及文化视角系统地联系起来,创立了"风险的社会放大框架"[①],试图解释为什么一个风险事件的最终影响会超过它的初始效应。该框架从经典通信理论中借用了"放大"这一比喻,并利用它分析各种社会中介发出、接收、解读和传递风险信号的方式(见图 9-1)。作为传播过程的一个关键部分,舆情事件的特点都会通过各种各样的舆情信号被刻画出来;这些舆情信号反过来又以强化或弱化对舆情及其可控性的认知方式与范围广泛的一系列心理的、社会的、制度的或者文化的过程相互作用。因此,负面网络舆情经验不仅是一种实际伤害的经历,而且也是群体或个体借以学习获取或创立对舆情危机的解读过程的结果。这些解读为如何选择、定制和解释发自物质世界的信号提供了规则。在这个框架下,舆情经验只有通过归因于某个舆情事件的有形伤害与形成对该事件的解读的社会和文化过程的互动、随之出现的第二级和第三级的后果,以及管理者和公众所采取的行动才能得到适当的评估。

由该框架我们可以看到,出现舆情事件后,最直接的传播信息渠道就是新媒体平台,随后会经过"社会放大站"和"个体放大站"的反

---

① 〔美〕珍妮·X. 卡斯帕森、罗杰·E. 卡斯帕森编著:《风险的社会视野(上)》,童蕴芝译,中国劳动社会保障出版社 2010 年版,第 2 页。

第九章
上海殡葬设施面临的邻避风险及其化解

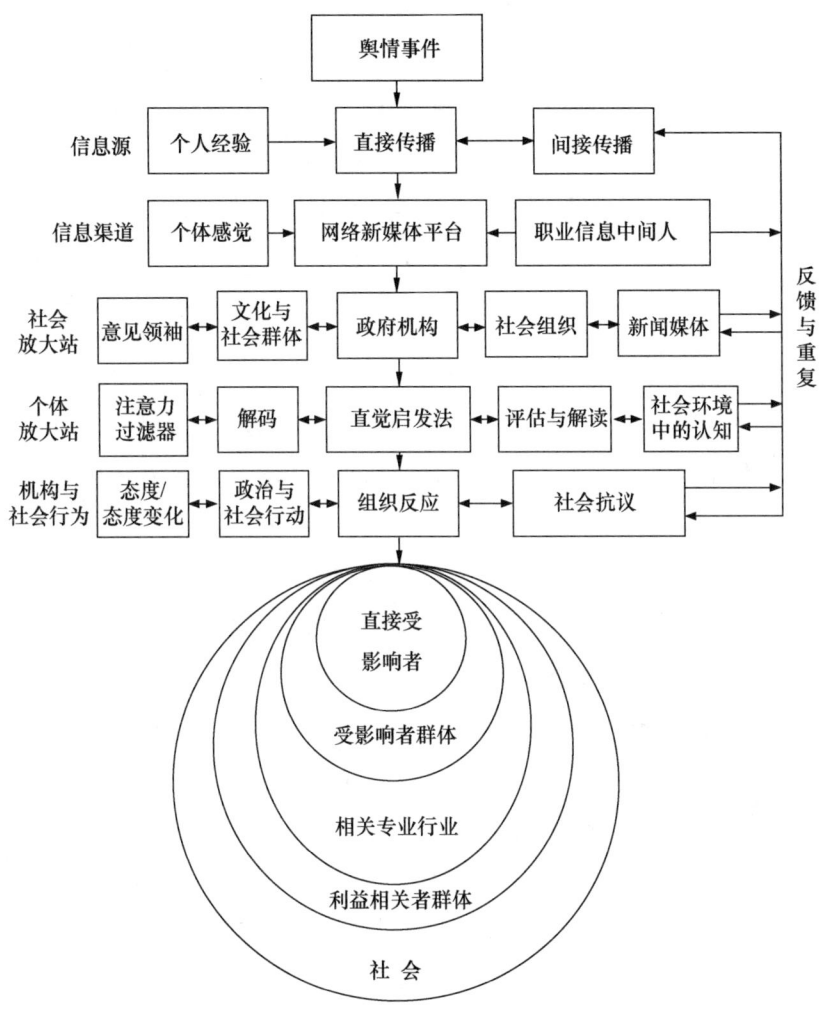

图 9-1　风险的社会放大框架

资料来源：作者自制。

馈与重复从而使舆情得到放大或者弱化。就社会放大站而言，在没有外力干预的情况下，组织的结构、功能和文化之类的因素会影响到舆情信号的放大或者弱化。即使公共机构内的个体也不会简单地追

183

从"邻避"到"邻里"
中国邻避风险的复合治理

求自己的价值观和对社会的解读,他们会根据其置身的组织或群体的价值观念去认知舆情、那些处理舆情的人,以及"舆情问题"。个体放大站受到诸如"直觉启发法(第一感觉)""社会环境中的认知(过往态度)""评估与解读(责难与信任)"之类考虑的影响,其中的信息接收者还会影响网络舆情的动态走向与社会对舆情的处理方式。

二、殡葬设施风险放大的典型案例

2018年11月起,云南省文山壮族苗族自治州广南县八宝镇的乡镇公墓开工建设。然而,临近公墓的者库新村有2/3的村民在广东、浙江、福建等地谋生,村民均声称公墓建设并没有征集大多数人的意见,外出打工者更是毫不知情。公墓建设过程中还损坏了他们的道路和沟渠,他们极力反对。村民多方表达诉求,并最终将广南县民政局、八宝镇人民政府告上法庭。行政诉讼起诉书显示,者库小组的主要诉求是请求判令撤销被告广南县民政局的相关选址批复,另行选址。村民的主要理由是:被告广南县民政局在作出许可被告八宝镇人民政府修建公墓时,没有告知村民,其许可行为程序不合法;被告八宝镇人民政府在选址时没有按照村民会议的要求征询多数村民的意见,没有充分保证村民的参与权、知情权、申辩权等权利;公墓建设侵犯了村民的相邻权。①

修建公益性公墓时,政府应当考虑到风俗习惯和当地村民的感受,充分保障村民应有的权利。在该事件中,村民普遍反映,公墓建在村子旁边,他们感到"晦气,瘆得慌""干农活需避讳"。因此,在公墓选址上应该尽量合理,在审批过程中应该征求附近与公墓相邻群

---

① 刘木木:《乡镇公墓建在村庄对面 云南一县民政局成被告》,https://baijiahao.baidu.com/s? id=1643658063586647161&wfr=spider&for=pc,2020年12月25日访问。

第九章
上海殡葬设施面临的邻避风险及其化解

众的意见;对于已经审批下来的公墓方案,要告知村民,如果有意见可以向政府部门申请行政复议。

2019年3月,广南县民政局、八宝镇人民政府联合作出答复,承诺在公墓前分层次分台级种植绿化树进行遮挡,确保见树不见墓,并将对进村道路实施硬化,加强错车道的改造,争取资金安装太阳能路灯等。从答复意见看,政府部门也意识到了此次建公墓对村民方面的意见的考虑有所欠缺,所以进行补救和补偿。

不管是从节约土地、移风易俗的角度考虑,还是为群众节省开支的角度考虑,殡葬改革都势在必行,而八宝镇乡镇公墓所在的荒山原本就有一个坟场,应该说,政府是在办好事,而且在选址过程中也作了各方面的对比筛选,从主观上说,政府的出发点是好的。但遗憾的是,政府在选址过程中忽视了邻避效应,在相应的程序上还做得不够。

事实上,近年来,全国各地因殡葬设施建设导致的邻避风险并不少见,并引发了舆情。2019年,北京朝阳区百子湾家园居民意外发现了距离小区直线距离不足300米的墓地,对此十分不满,经朝阳区民政局证实,该墓地没有经过审批,后墓地所属的高碑店乡半壁店村委会拆除了用于祭奠的焚烧炉,并对原有卧碑全部覆土,大面积铺草种树,以树代墓,并设专人日常巡视和管理,确保不再增加坟茔;2018年年初,青岛市民通过人民网地方领导留言板给山东省委书记写信,反映青岛市李沧区政府准备建的怀念堂,紧邻在建的李家庵第二小学;2016年,江苏淮安市淮安经济开发区兴建一座大型墓园,村民担心墓园投入使用后,会给自己的生活带来严重的影响。这些事例都或多或少反映出政府在充分尊重民众的环境知情权、参与权和监督权方面还做得不到位。

三、事件所引发的风险放大

1. 对政府能力的质疑

微博、微信、网络论坛等新媒体给公众提供了相对自由的公共空间,拓展了公众的权利主张空间。地方政府控制的有限性与网络空间的无边性,为风险放大的社会动员积聚了力量,使区域化的环境风险可能上升为国家性的公共环境议题。风险的社会放大框架理论将污名化识别为放大过程的四个主要反应机制之一。污名的源头是具有能促成公众对风险高度认知特征的灾害,殡葬设施恰恰具有高度污名化的性质。污名通常是指不信任或被贬低的人、地域、技术或产品的一种属性。污名持有者被看作是不同的,而不是正常和普通的,这种不同包括异常、有瑕疵、有缺陷或不受欢迎等重要特质。① 随之而来,公众开始表现出对政府治理能力、利益冲突或不能采取必要控制措施的担心,政府对风险事件的管理能力就会受到质疑。在上述八宝镇的案例中,村民将地方政府告上法庭,严重影响了地方政府决策的权威性与合法性。

2. 影响社会公共设施的供给

当前人口老龄化激增,年死亡人口增加,对殡葬设施的需求也在不断增加,而殡葬设施的运营方式受到政府的监管。然而,在殡葬设施建设与运行期间仍存在各种各样的问题,造成周边区域的环境福利下降(包括殡仪馆焚烧产生的污染气体、公墓可视范围青山白化与水土流失严重影响景观、公墓布局混乱等),从而被居民直接感知,影响居民正常生活,给居民带来沉重的心理和精神负担,并促使居民抗

---

① 〔美〕珍妮·X.卡斯帕森、罗杰·E.卡斯帕森编著:《风险的社会视野(上)》,童蕴芝译,中国劳动社会保障出版社2010年版,第147页。

第九章
上海殡葬设施面临的邻避风险及其化解

议殡葬设施所造成的环境影响;同时,很多城市建设计划项目无法如期进行或需要通过迁移殡葬设施达到重点项目落地实施的目的,导致社会所需要的基本公共设施供给不足。

3. 涟漪效应显著

从决策开始,政府有意识或无意识地输出碎片化、片段化的信息,这恰恰是群体聚集反对的逻辑起点,项目的合法性遭受质疑。从初始阶段跃迁为大规模、非理性的集体行动时,往往伴随着谣言或流言的传播,虽具有极大的负面效应,但常常能赢得社会认同。在维护稳定的政治约束下,地方政府召开新闻发布会,公开表态"只要社会没有达成共识,绝不启动",聚集的公众也会自动散去,使得危机解除。项目被宣布取消或者另选他处,虽然满足了事发地外、网络空间等域外群体的舆论狂欢,但造成了区域内政府信任下降、社区名誉扫地、相关者经济利益诉求落空的"涟漪效应"。虽然舆情的影响力和扩散力不断缩小,但舆情的消退并非舆情的终结,舆情消退了也可能会反复,特别是遇到相同或类似的话题便很容易形成连锁反应。

第三节
殡葬设施邻避风险的影响要素

随着近年来邻避冲突事件的增多和相关研究的兴起,邻避冲突的成因及其治理措施开始成为被关注的研究议题。学术界主要从社会心理、政治参与、经济利益等维度探求邻避冲突的成因。为了解公众对殡葬设施的邻避风险认知因素,本章采用问卷调查的方法收集相关数据,具体问卷见本书附录。本次调查共发放300份调查问卷,回收285份问卷,全部采用现场发放、现场回收的方式,经过筛选确认有效问卷278份,有效率为97.5%。为提高抽样的精度,尽量使调查对象在性别、年龄、政治面貌、受教育程度等方面具有一定的广泛性,以确保调查具备较高的信度和效度。样本特征如表9-3所示。

表9-3 抽样调查样本特征

	类别	数量	占比(%)
性别	男	132	47.48
	女	146	52.52
年龄	30岁及以下	85	30.58
	31—40岁	73	26.26
	41—50岁	34	12.23
	51—60岁	30	10.79
	61岁及以上	56	20.14
受教育程度	小学及以下	8	2.88
	初中	22	7.91
	高中(包括中专)	87	31.29
	大学及以上	161	57.91
政治面貌	党员	76	27.34
	团员	64	23.02
	民主党派	4	1.44
	群众	120	43.17
	无党派人士	14	5.04

注:由于四舍五入的问题,部分项目加总存在不等于100%的情况。
资料来源:作者自制。

第九章
上海殡葬设施面临的邻避风险及其化解

一、公众的风险感知

认知心理学表明,风险认知过程是个体对风险事件信息的加工过程,是信息流动与转换的过程,是对风险信息获得、编码、贮存、提取与使用等一系列连续的认知操作。个体对风险的感知就是对风险信息的获得,对风险的理解就是对风险信息的编码,对风险的记忆就是对风险信息的贮存,对风险的评价与反应就是对风险信息的提取与使用。人们对邻避风险的认知和判断往往带有主观色彩,使得邻避设施的潜在风险被无限放大,容易导致其对邻避设施的态度、看法有失偏颇,并产生情绪上的强烈抵制。尤其面对突如其来的邻避项目,周边利益相关者首先会对自身的利益受损情况进行评估,信息的不对称会使他们倾向于将受损放大,进而产生相对剥夺感。相对剥夺感往往伴生沮丧感和愤怒感,而这些感觉往往使人们更愿意表达不同意见。有相同利益诉求的人极易组织起来采取共同的行动,零和思维、相对权力的模糊性、不公平的比较、猜疑等都会引发冲突。在公众的风险感知方面,问卷调查结果如表9-4所示。

表9-4 公众的风险感知数据

	非常同意(%)	同意(%)	一般(%)	不同意(%)	非常不同意(%)
上海继续兴建殡葬设施的必要性	12.95	42.45	30.22	14.39	—
在社区附近建设殡葬设施的意愿程度	2.16	5.76	28.06	44.60	19.42
对殡葬设施侵犯了临近社区居民环境权的看法	13.67	33.81	32.37	16.55	3.60
"风险仅由所临近的个别社区来承担"的公平感知	2.16	5.04	12.95	67.63	12.23

资料来源:作者自制。

从调查结果来看，55.40%的受访者认为上海需要（包括非常需要）继续兴建殡葬设施（如殡仪馆、墓地等），绝大部分受访者（63.31%）不愿意在社区附近建设殡葬设施，其中有18.71%的受访者表示非常不愿意。47.48%的受访者认可建在社区附近的殡葬设施侵犯了居民的环境权，绝大部分受访者（79.86%）认为殡葬设施的风险仅由所临近的个别社区来承担不公平。

环保专家指出，造纸、冶金、焚烧等都会产生二噁英，其主要在空气、水和土壤中驻留，存在形式为细小颗粒，遗体火化处理中也会产生二噁英，这类物质可致癌，被公认为影响最明显。为了解受访者对殡葬设施产生有害物质的了解，调查发现，16.55%的受访者知道殡葬设施产生的主要有害物质为二噁英，所以其态度表现为坚决反对；46.04%的受访者不知道会产生哪些污染物，但自身也能感受到其危害性；9.35%的受访者把一氧化碳、18.71%的受访者把二氧化硫、9.35%的受访者把氮氧化物当成主要污染物。

二、传统的文化认知观念

已有研究指出，墓地、殡仪馆等殡葬设施周边存在着一种“看不见、摸不着”的“场”。人们一旦进入这个“场”，在心理上会产生一种“吓咾咾”的感觉。这是一种与祥和氛围相悖的“不和谐”。“场”的大小与人们传统观念的大小直接相关。研究者把这个“场”称为具有斥力的“负魅场”①。“负魅场”是由人们的心理感觉引起的，因而运用任何一种力学仪器都无法测定。由于旧风俗事实上一直存在着，因而“负魅场”也就挥之不去。不愿在公墓周围办工厂、购置住房成为一

① 孙文灿：《养老院难道也有“负魅场”》，载《中国社会报》2015年8月27日第4版。

第九章
上海殡葬设施面临的邻避风险及其化解

种普遍现象,使公墓周边、殡仪馆等周边设施难以进行高增值利用。同时,民众在知悉周边有殡葬设施时也会尽力抵抗。尤其是在一些人的传统观念里,在家附近的殡葬设施会影响风水,不吉利。

公众对殡葬设施的评价调查结果如表9-5所示。在调查中发现,民众普遍对殡仪馆等殡仪设施持抵触情绪,在实际问卷发放过程中,碰到过多次居民直接拒填的情况。从调查情况来看,大部分民众(57.55%)对殡仪馆不了解,仅有12.23%的民众了解。即使时间允许,39.57%的受访民众也不愿意参加北京、上海等地举办的以"破旧立新、移风易俗"理念为主导的殡仪馆免费公众开放日活动,但可喜的是,也有30.22%的群体愿意去参与,而其中绝大多数是青年人。43.17%的受访民众认为,殡葬设施属于高风险设施。殡葬设施对社区的影响是多方面的,其中心理(29.66%)、风水(23.73%)最高,其次是社区形象影响(17.51%)、房价下跌(16.67%)和健康影响(12.43%)。

表 9-5 公众对殡葬设施的评价(%)

殡葬设施的风险评价	非常高 1.44	高 41.73	一般 41.74	不高 14.39	非常不高 0.72
殡仪馆的运作流程了解	非常了解 3.60	了解 8.63	一般 30.22	不了解 46.76	非常不了解 10.79
殡仪馆免费开放日的参加意愿	非常愿意 2.88	愿意 27.34	一般 30.22	不愿意 35.97	非常不愿意 3.6

资料来源:作者自制。

西方殡葬文化深受宗教与哲学的影响,主张简丧薄葬。在面对生死的问题上,西方更注重人们灵魂的解脱与升华而轻躯体,强调生时的价值与死后的精神,所以他们推崇简丧薄葬,以冷静的态度面对死亡,以安静的追思表达生者对死者的关怀,从而获得死亡的深层内涵。他们可以不忌讳地居住于墓园附近,游玩于墓园内,并不感动忌讳和恐惧。从问卷调查结果来看，民众认为，许多欧美国家的殡葬设施建在城市中心，甚至与社区"零距离"，原因是豁达的个人生死观（30.32％）、受西方宗教文化的影响（39.71％）、多年来的政府倡导（14.8％）和媒体宣传的潜移默化（15.17％）。

三、政府信任水平有待提升

邻避设施的规划、建设及监管多由区、县等基层政府进行，但基层政府往往取代相关利益方成为民众抗议的对象，使得原本的"企业—民众—政府"三方博弈简化为官民两方博弈。在中国，民众对政府信任呈现差序格局。当信任水平较低时，民众对政府的评价会从有限的风险事件推及更广范围。实际上，关于邻避设施风险所引发的社会冲突往往不是针对风险源本身，而可能是民众借机攫取利益、表达诉求甚至掺杂敌对势力的政治冲突。

从问卷调查结果来看，民众对政府关于殡葬建设的各项决策的信任程度相对不高。在访谈时，有人表达了对上海各级政府的信任，但认为"他们说什么我们就做什么是不可能的，我们也有自己的判断"。调查结果如图9-2所示。

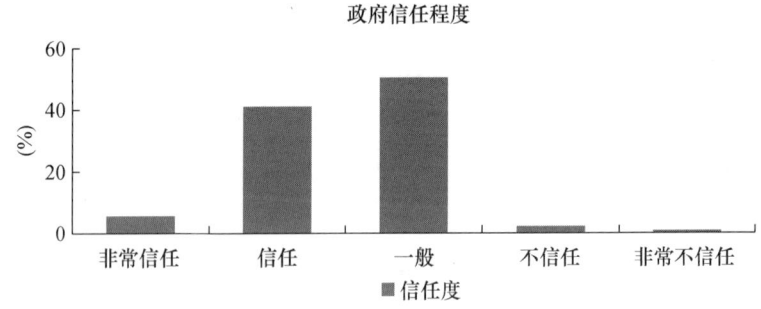

图9-2 政府信任程度示意图

资料来源：作者自制。

第九章
上海殡葬设施面临的邻避风险及其化解

四、公众参与被弱化

根据《环境影响评价法》,垃圾焚烧站、PX项目等对环境可能造成重大影响的邻避设施在开工建设前需要对周边群众进行意见调查,并进行项目内容、环评报告、征地补偿、安置规划等一系列相关信息的公示。政府拥有信息的绝对优势,民众有时要通过小道消息、内幕消息等了解项目信息。如果公开数据的可读性差,将无法使民众简单明了地获取项目相关情况,这与《政府信息公开条例》的核心——"保障公众的知情权"相违背。民众意见被尊重程度的调查结果如图9-3所示。

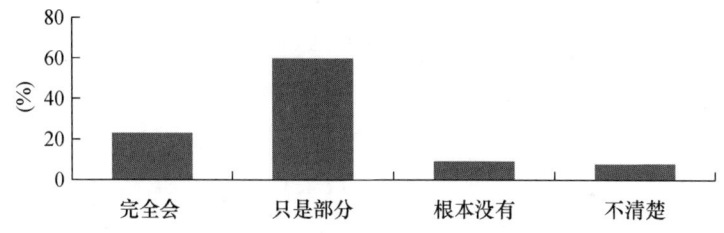

图9-3 民众意见被尊重程度

资料来源:作者自制。

从调查结果来看,一些人觉得在殡葬设施规划与改扩建过程中,政府部门可能不会充分考虑社区居民的意见。比如,在访谈中有人说:"我们不知道政府要做什么,有时候只是象征性地请楼组长来发个表让我们填一下。我觉得不可能完全听我们社区的意见。"

五、理性经济人思维

现代经济学的经济人假设认为人是自利的、理性的,其行为的根本动机在于实现自身经济利益的最大化。这种经济人假设对于人

（人群）行为的研究有着很强的解释力,因而相当多的研究者认为:在邻避设施建设中,周边居民也是理性和自私的经济人,其对邻避抗议活动的参与是对自身利益理性计算的结果,其参与抗议活动的倾向性程度与其利益受损情况特别是与其对获得补偿的满意度有关。在殡葬设施选址问题上,居民也是理性的社会人。居民对邻避设施的接受度也与居民自身的需求度呈现正相关关系,即对设施的需求度越高,居民的接受度也会相应提高,反之降低。但是,居民理性的动机却可能引发非理性的行为,导致邻避冲突的发生。

从调查结果来看,针对殡葬设施的选择问题,绝大部分受访者(71.94%)认为应建在偏远、人少的地方,12.95%的受访者觉得只要不建在自己的社区附近就可以,另有部分人(10.79%)选择政府出价进行拍卖,哪个社区接受就建在哪个社区,而通过网上投票决定的比例很少,仅占4.32%。

如果非要建在社区附近,民众普遍认可的路径是:规划过程中广泛征求附近居民的意见(17.5%);采用遗体焚烧新技术将污染降到最低(16.39%);定期公布殡葬设施环境监测报告,并随时进行检查监督环境污染情况(15.74%);规划过程中保持信息公开(15.25%);给予适当的经济补偿(13.28);免费给社区修建游泳池、健身馆、图书馆等公共设施(11.31%);定期免费给社区居民进行体检(10.53%)。

第四节
殡葬设施邻避风险化解的总体思路

城市"墓地危机"的转机在于重构中国城市公墓的公共性,前提

第九章
上海殡葬设施面临的邻避风险及其化解

是城市公墓改革方向的"绿色化",使得城市墓地真正成为具有公共产品服务性质、社会化程度高的城市空间,从根本上扭转现代公墓的旧思维,同时传承传统墓地的一贯品格。[①] 针对殡葬设施改扩建过程中涉及的邻避风险问题,本章从两个维度进行了区分:一个维度是问题的重要程度,对于现状而言,哪些问题是非常重要的,哪些问题是相对次要的,需要说明的是,重要与否是具体的、相对的、动态的,所谓具体,是指目前的区分只是针对殡葬设施的情况而言,不适用于其他设施;所谓相对,是指重要程度低不代表这些问题不重要,只是相对于重要程度高的问题而言,这些问题不是民众最为关注的;所谓动态,是指这种划分不是一成不变的,重要程度的高低会随着时间的推移而相互转化。另一个维度是问题的解决速度,即有些问题是短期内在现有的管理体系之下可以解决的,有些问题则不是一蹴而就,甚至需要突破现有制度框架,是一个长期的过程。从这两个维度出发,可对殡葬设施改扩建面临的邻避风险问题进行归类(见图9-4)。

处于第一、二象限的风险沟通、社区居民获得感、殡葬空间再造、生命教育、政府信任、绿色殡葬是目前殡葬设施改扩建中最为重要和亟须解决的问题。相较而言,风险沟通、社区居民获得感、殡葬空间再造是可以在近期内解决的,而生命教育、政府信任、绿色殡葬等问题则是长期性的,需要政府及整个社会进行潜移默化的宣传、引导。尤其需要注意的是,临近社区居民的获得感需要提前谋划,要走在殡葬设施建设的前列,只有这样才会将邻避风险消除在萌芽中。

处于第三、四象限的文化重构、适度经济补偿、加强污染排放监管处于相对次要的位置。这一方面在于这些方面的管理已经取得了

[①] 费中正、郭林:《城市墓地的文化困境与公墓公共性的重构》,载《河北大学学报(哲学社会科学版)》2017年第2期。

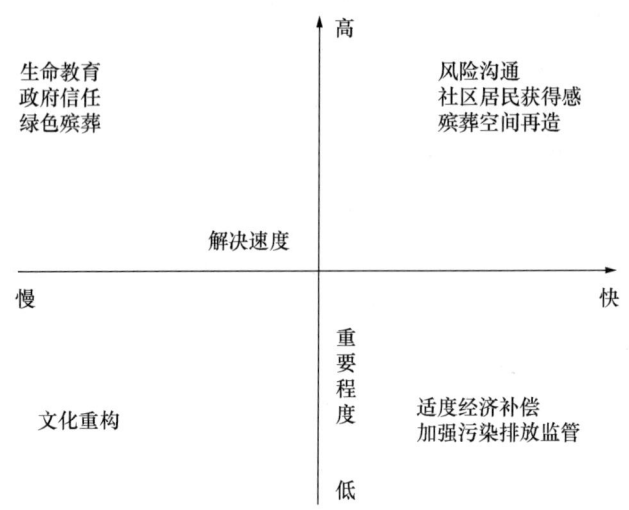

图 9-4　殡葬设施改扩建中涉及的邻避风险化解
资料来源：作者自制。

不错的经验和成绩，如上海殡仪馆遗体焚烧污染物排放完全符合国际标准，适度经济补偿主要是针对重新规划选址的地方而言的。另一方面在于对于解决邻避问题而言，文化重构可能需要较长的时间才能发挥作用。例如，受数千年来封建文化的影响，人们普遍对殡葬设施存在污名化认知，所以要让他们从心理上完全接纳，只有进行文化重构，而文化重构也是一个长期的过程，需要不断积累和积淀。

第五节
殡葬设施邻避风险化解的路径

本节从风险沟通、生命教育、绿色殡葬、公众参与、空间改造等五个方面给出化解邻避风险的策略建议。

第九章
上海殡葬设施面临的邻避风险及其化解

一、细致的风险沟通,重构风险想象图景

地方政府在公共决策过程中,"精英决策"的思维惯性和路径依赖导致实质性、深层次的公众参与不足。在公共精神不断加强的背景下,自上而下的决策模式已经不能适应新的社会环境。应充分运用"从群众中来,到群众中去"的工作方法,决策主体上由单一的政府主导向政府、利益相关者、社会组织和公众等多元主体共同、有序参与转变,增加公共决策的合法性。公共项目越是难以被公众接受,仓促行动的成本就越高,越需要多元主体的互动,并有针对性地满足利益相关者的合理诉求,矛盾就会化解在最基层。宁波PX事件的导火索正是南洪村与湾塘村的搬迁诉求没有得到满足,从而引发公众抗议活动。在众多邻避事件中,地方政府认为只要拥有了环评报告,就具备了项目开展的科学依据,却忽略了公众的真正需求。因此,地方政府需要转变管理者的角色定位,转变成倾听、尊重民意的协调者,深入细致地开展群众工作。从问卷调查中也可以发现,信息公开、尊重民意是受访者的首选项。

从可操作层面来说,在殡葬设施改扩建工作启动之前,应该建立邻避事件舆情应对的应急机制,组建公安、环保、宣传等跨部门的协调机构,不仅要利用报纸、电台、电视台、新媒体等进行正面引导和宣传,更要积极回应网上活跃人员的诉求,并对活跃人员进行面对面的真诚沟通,传递正面信息。同时,组织相关人员深入社区进行宣传讲解,消除公众对邻避设施的负面理解。充分发挥微博、微信公众号等新媒体的渠道作用,形成政府回应的舆论倒逼机制,避免小道消息、谣言等非正规渠道消息的传播。

二、多方合作，强化生命文化宣传教育

受传统思维观念的影响，殡葬设施通常被污名化，意味着恐惧、不吉利。因此，要消除公众对殡葬场所产生的"死亡恐惧"与"死亡焦虑"，需要强化对公众的生命文化教育。应将殡葬文化中对生命的热爱、人生永恒的思考、孝道的尊崇、先人优良传统的继承等生命价值文化发扬光大。美籍华裔学者傅伟勋教授于1993年创立了"生死学"学科，他指出："死亡学与死亡教育（或扩充为生死学与生死教育）的重视与否，是考量一个国家和社会是否进入'已发达'阶段的一大因素。"①殡葬活动本质上就是一种人文关怀，一方面彰显生者对逝者的人文关怀，对逝去生命的惋惜，对逝者生命价值与意义的肯定与赞扬而让逝者灵魂安宁；另一方面，又通过对生者的关怀，让丧亲者得以走出悲伤，正视死亡的发生，坚定地面对生活，最终获得生命的安顿与终极关怀。②北京、上海等地曾举办以"破旧立新、移风易俗"理念为主导的殡仪馆公众开放日活动就是一个很好的尝试。向社会各界人士代表和媒体记者开放殡仪服务项目，揭开殡葬场所的神秘面纱，不仅仅有助于营造社会对殡葬设施的良好舆论环境，更是强化生命文化教育的一个抓手。通过强化公众的生命文化教育，改变公众对殡葬设施的污名化认知，有利于殡葬设施规划与建设的顺利推进。

从问卷调查结果来看，仅有30.22%的受访民众愿意去殡仪馆参加开放日活动，表明民众的接受意愿不强烈。社区是人们生活的基本组织单位，是最基层的组织机构，拥有很多优势，可以充分发挥社

---

① 傅伟勋：《死亡的尊严与生命的尊严》，北京大学出版社2006年版，第165页。
② 汪俊英：《法治视域下生态殡葬文化培育研究》，载《河南财经政法大学学报》2021年第2期。

第九章
上海殡葬设施面临的邻避风险及其化解

区在生命教育中的重要作用。从生命教育的角度来说,应充分发挥社会组织在文化设计、制度设计和行为设计方面的作用,彰显最朴实的生命关怀。建议由民政部门牵头,构建学校—社区—社会组织之间的深度协作机制,建立各类生命教育基地,集中优势打造一些生命教育精品活动,比如组织人们为高龄老人进行以歌颂老年为主题的诗朗诵、到敬老院开展帮扶孤寡老人的志愿服务活动等,引导人们在实践体验中感悟生命,深入地启发人们思考"人是从哪里来、最终到哪里去""生命中什么最有价值"等问题。

三、转变公墓形态,倡导绿色殡葬新理念

2019年,国家民政部社会事务司司长王金华提出了富有深意的"人生两问":人去世后到底应该留存什么?不需要留什么?[①] 弄清"人生两问"就需要推动殡葬活动由重物质重形式向重精神重内涵转变。殡葬方式反映了社会文明的进步程度。如何在殡葬设施规划建设中引导殡葬文化发展,促进生态殡葬等新理念的传播,需要予以重点关注。深化殡葬改革,倡导移风易俗,是破千年旧俗、树一代新风的"思想革命",是一项利国利民和惠及子孙后代的好事实事。[②] 政府是生态殡葬新理念的践行者,应多投资于新型生态环保殡葬方面的项目,通过公益性设施促进新理念的传播与实施。2016年九部委联合发布《关于推行节地生态葬的指导意见》,提出鼓励"选择位置好、绿化好的墓区开辟节地生态墓园"。上海进行了一些积极尝试,取得了显著的成果。以上海宝兴殡仪馆为例,其将绿色发展理念与打造人文之馆、科技之馆、时尚之馆的目标深度融合,通过引入绿色科技

[①] 王金华:《把"逝有所安"摆在更加突出的位置》,载《中国民政》2019年第8期。
[②] 付梵:《殡葬改革:一场移风易俗的"思想革命"》,载《中国民政》2018年第24期。

从"邻避"到"邻里"
中国邻避风险的复合治理

手段,开发绿色服务项目,挖掘绿色服务潜力,担当殡葬事业绿色服务的先行者和领跑者。宝兴殡仪馆大力扶持殡葬绿色环保企业,引入"生命晶石"项目,并与墓地联合推出"藏晶苑"项目,为民众提供更加环保的生态节地葬服务。可以说,在殡葬设施建设中,需充分发挥政府的示范引领功能,弘扬社会主义核心价值观,树立殡葬新风尚,促进人与自然和谐共生。

从长远来看,如果公墓形态发生改变,从保留遗骨的场所变成保留文化的地方,墓园就不会是阴森森的了。例如,上海在松江佘山天马山公园内重建了"三高士墓"。"三高士墓"早已消失,20世纪80年代末,天马山林场工作人员依据史料所记方位,在山顶一块平地上用青砖垒起三座墓冢,现辟为三高士文化纪念园,来纪念杨维桢、钱惟善和陆居仁。这里虽然坐落着墓冢,但并没有阴森恐怖的感觉,反倒成为人们休闲、游览的场所。随着人们理念的变化,公墓的功能发生适当的改变,邻避风险自然也就化解了。

四、确保深度参与,提升群众获得感

云南广南县民政局与八宝镇人民政府被当地村民告上法庭,就是因为公益墓地建设时没有告知村民,也未征询村民意见。地方政府像这样"好心"却没有把"好事"办好的例子屡见不鲜,其核心就在于缺乏高层级的公众参与。对此,应确保殡葬设施建设中的深层次参与,充分考虑、吸收公众的意见。从公众的角度来看,他们是理性经济人,所关注的不是"无害",而是"安全,有何益",或者"至少不受损"。要消除公众那种"吓牢牢"的感觉,需要有相应的获得感。2014年杭州中泰垃圾焚烧厂事件后,杭州市政府给中泰街道拨了1000亩的土地空间指标,来保障当地产业发展;余杭区投入1.4亿元,为中

第九章
上海殡葬设施面临的邻避风险及其化解

泰街道实施117项改善生态、生产、生活环境的实事工程。中泰垃圾焚烧发电项目最后变成"惠民工程",让老百姓有充足的获得感,好事才能最终变好。

为了提升群众的获得感,政府可以下拨专门资金,对殡葬设施周边的社区进行改造,增加学校、图书馆、广场绿地、健身设施等基本公共设施,或者引入人气旺的商业项目。例如,对墓地等设施而言,可以在公墓前分层次分台级种植绿化树进行遮挡,一方面可以改善群众对于墓地的刻板认识,另一方面也将技术与艺术很好地融合。只有当老百姓感觉周边人气十足,而不再是"阴森森"的,并且有明显的获得感时,殡葬设施的改扩建也就顺理成章了。

五、规划先行,改善殡葬邻避空间

从殡葬设施造成邻避风险的成因来看,心理的"负魅场"影响是主要因素。所以,应该思考如何将"负魅场"变成"魅力场"。建议加强提升殡葬设施景观设计与功能完善,减弱负外部性。由于宗教信仰及传统文化的不同,中西方对待死亡、对待墓地的态度是有很大不同的。在西方人眼中生与死的界线并不是太分明。西方人认为,墓园是逝者与生者和谐共处的地方,是生者与逝者默默对话的场所。法国巴黎的拉雪兹神父公墓地处城市核心地带;美国夏威夷檀香山的"神殿之谷"墓地与居民区仅仅隔一条马路。有的人还希望自己离逝去的亲人近一点,愿意把家族墓地建在自己院子里。有些学校的校园里也有自己的专属墓地,这丝毫不影响学校的秩序,学生家长们似乎也不介意。位于美国马萨诸塞州西部的纽顿市公立图书馆也建造在公共墓地旁边。这座建造于20世纪90年代的大型图书馆,紧靠墓地的一面是透明的大玻璃窗,玻璃窗下摆放着许多舒适的沙发,读

从"邻避"到"邻里"
中国邻避风险的复合治理

书的人读累了可以蜷卧在沙发中,透过玻璃窗欣赏窗外墓园的美丽风光。纽约市布鲁克林区的"绿林公墓",是位列美国国家历史名胜的景点,占地约 193 万平方米,埋葬了超过 57 万人,包括多个内战时期的将军,以及历史上著名的棒球运动员。在这个著名的墓园里,有宏伟的建筑和精美的雕像,每年吸引了不少游客前来。[①] 在欧美国家,墓地通常是城市绿地系统的一部分,不仅为公众提供殡葬服务,还承担着休闲娱乐、纪念教育等职能。借鉴部分发达国家墓园的改造经验,我们可以在保留殡葬职能的同时,通过优化景观来淡化公众的消极观念,同时引入休闲运动、教育观光等职能,激活墓园的生态价值和文化价值。

从实际情况来看,作为面积有限而人口众多的特大型城市,上海很难将殡葬设施建在"远离人群的地方"。上海殡葬设施的改扩建工作应在现有的基础上实现殡葬邻避空间和城市空间的合理互动。以上海市益善殡仪馆的改扩建为例,在做到信息公开、民意征集、有效监管的前提下,规划与设计也应该先行,充分利用已有空间、增加绿化,扩大服务容量,实现殡仪馆与城市空间的良性互动。

[①] 汪俊英:《法治视域下生态殡葬文化培育研究》,载《河南财经政法大学学报》2021年第2期。

第十章

结论与展望

中国的邻避事件经历了从个案式零散出现到分布式集中爆发再到现阶段的治理效能提升三个阶段,彰显了中国地方政府治理水平和治理能力的提升。尤其是进入新时代以后,信息公开、风险沟通、共建共享等治理理念已经成为地方政府在推进邻避项目时的惯常思维。随着市域社会治理的全面推进,市级层面拥有更多的治理资源和治理手段来应对邻避项目,所以可以预见中国式邻避风险的治理将进入崭新的阶段。

一、邻避是中国政治与社会发展不得不面对的问题

西方邻避问题的兴起源于环保主义运动,中国邻避问题则是政治与经济社会发展必须面对的场景。

一方面,中国社会进入转型期,各种利益纠葛、矛盾开始出现,相对开放、宽松的政治环境为公众表达诉求提供了广阔的空间。同时,党和政府十分重视邻避设施的社会风险稳定评估,并将其纳入公共政策层面。2012年,党的十八大报告提出,"要建立健全重大决策社会稳定风险评估机制"①。这是加强和创新社会管理的重大举措,是党和政府主导的维护群众权益机制的重要内容,是一项对维护社会稳定、促进社会和谐有重大作用的制度建设,对于促进科学决策、民主决策、依法决策,从源头上预防和化解社会矛盾意义重大。正是伴随着该政策的执行,邻避设施建设中的风险问题,也成为理论研究和

---

① 《胡锦涛在中国共产党第十八次全国代表大会上的报告》,http://cpc.people.com.cn/n/2012/1118/c64094-19612151.html,2020年11月2日访问。

从"邻避"到"邻里"
中国邻避风险的复合治理

现实突破的重点议题,这也解释了"邻避问题"研究为何集中于2013—2016年,①而且众多研究均是以失败告终的案例为研究对象。从总体上看,这些因邻避风险而引起的案例是中国经济社会发展水平和阶段性特征的集中反映,但也在一定程度上与基层政府思想观念上重视不够、工作不到位有关,如在加快经济发展中,重经济建设轻社会建设;在审批重大建设项目时对维护群众合法权益考虑不够,存在侵害群众利益的现象;在社会管理中存在重事后处置轻源头预防的倾向。因此,建立健全重大决策社会稳定风险评估机制,把维护社会稳定的关口前移,是党和政府在认真总结经验、把握规律基础上,提出的非常具有针对性的、加强和创新社会管理的新思路。

另一方面,新媒体的发展为邻避风险的传播提供了放大渠道。无论是自然生态系统还是社会生态系统,资源一直是个体与个体之间、种群与种群之间竞争的核心,信息生态系统也不例外。信息资源是网络舆论生态的核心要素,网络技术的发展使公众快速地拥有了信息资源的处置权,网络群体制造和推动了大量的网络舆论事件。这些网络舆论事件不仅仅是网民对某些社会问题的集中表达,有些甚至影响了公共政策的议程设置,推动了中国公共舆论与公共社会的进步。中国的熟人关系模式不仅在现实空间具有强大的动员能力,在网络空间的情感动员也不容小觑,网民很大程度上持有一种普遍的文化观或偏好,经网络推手的精心包装,极易促成帖子的评论与转发。社交媒体以价值认同、情感共鸣、圈层传播为信息聚合的基础,一个简单的事件一旦引起一群人的关注,借助于人的意象思考,很可

---

① 胡象明、杨正、刘浩然:《中国式邻避治理的整体性与类型化思维的系统比较》,载《城市问题》2019年第11期。

第十章
结论与展望

能在短时间内就会完全被改造。纵观2013—2016年的诸多邻避事件,网络是非常重要的信息传播渠道,借助网络,这些事件突破空间地理的概念,成为全国关注的舆论事件。

二、从"邻避"到"邻里"已成为治理能力现代化的重要标尺

党的十八届三中全会首次提出"推进国家治理体系和治理能力现代化"这个重大命题,并将其作为全面深化改革的总目标;党的十九大提出了分两个阶段实现国家治理体系和治理能力现代化的目标;党的十九届四中全会对国家治理体系和治理能力现代化进行全面部署,从而在整体上制定了国家治理现代化的发展战略。党的十九届四中全会提出坚持和完善共建共治共享的社会治理制度,并强调坚持社会主义协商民主的独特优势,丰富有事好商量、众人的事情由众人商量的制度化实践。① 因此,在以协商治理化解邻避设施建设中出现的各种矛盾纠纷时,地方政府只有基于协商于民、协商为民的原则,坚持广开言路、畅所欲言,使各方诉求都能得到充分表达,最大限度地兼容各方利益、吸纳各方建议,才能形成社会各方面均可接受与采纳的方案,从而充分发挥协商治理协调关系、化解矛盾的功能。

经历了多年的实践,国家治理体系和治理能力现代化的理念已经深入人心,绝大部分地方政府的治理能力和水平得到了较大的提升。2020年3月,爱德曼国际公关公司发布了《2020年爱德曼全球信任

---

① 《中共中央关于坚持和完善中国特色社会主义制度 推进国家治理体系和治理能力现代化若干重大问题的决定》,http://www.gov.cn/zhengce/2019-11/05/content_5449023.htm,2020年11月2日访问。

从"邻避"到"邻里"
中国邻避风险的复合治理

度调查报告》①。该报告已连续20年发布,调查涉及全球28个国家和地区超过3.4万名的受访者。受访者被要求对本国(地区)政府、企业、媒体和非政府组织四类公共机构的信任度作出评价。报告显示,中国人民对中国各领域发展的信心不断增强,中国的信任度综合指数同比增长3个百分点,以82%的成绩连续第三年位居世界各主要经济体首位,而全球平均指数仅为54%。该调查结果显示出公众对政府治理水平和治理能力的认可。

2019年11月,习近平总书记在上海考察期间,提出了"人民城市人民建,人民城市为人民"的重要理念,深刻回答了城市建设发展依靠谁、为了谁的根本问题;深刻回答了建设什么样的城市、怎样建设城市的重大命题,这为新时代中国的城市建设指明了前进方向、提供了根本遵循。2020年6月23日,中国共产党上海市第十一届委员会第九次全体会议审议通过了《中共上海市委关于深入贯彻落实"人民城市人民建,人民城市为人民"重要理念,谱写新时代人民城市新篇章的意见》,对加快建设具有世界影响力的社会主义现代化国际大都市作出了全面部署,提出了新时代城市建设的总要求,即以"共建为根本动力,以共治为重要方式,以共享为最终目的",努力打造人人都有出彩机会的城市、人人都能有序参与治理的城市、人人都能享有品质生活的城市,奋力开拓城市建设的新境界。② 人民城市从制度构建的高度,把城市发展的普遍理想与中国特色城市发展道路结合起来,是对中国特色社会主义城市作出的全新设计,为城市现代化建设赋予了中国特色社会主义的灵魂。

---

① 方莹馨:《〈2020年爱德曼全球信任度调查报告〉发布》,载《人民日报》2020年3月7日第3版。
② 《十一届市委九次全会决议》,载《解放日报》2020年6月24日第2版。

第十章
结论与展望

从纵向时间序列的发展来看,国家治理体系和治理能力现代化、共建共治共享、人民城市等重要理念的提出均是为了更好地满足人民群众对美好生活的向往,把人本价值作为推动城市发展的核心取向。从2016年以来的几起典型邻避事件的发展、演化来看,如无锡锡东垃圾焚烧发电项目、仙桃垃圾焚烧发电项目均实现了原址再建。虽然经历了一定的冲突,但在冲突之后地方政府没有像以往的诸多案例一样选择息事宁人,而是将邻避项目作为市委书记牵头的"一把手工程",彰显了人民城市的价值关怀。为了实现"好事更好"的超越,地方政府官员用实际行动践行了责任与担当。近来发生的邻避案例中风险沟通、政府信任、共容利益、公众参与等均是地方政府执政理念的重大转变,所以,从"邻避"到"邻里"的超越已经成为衡量地方政府治理能力和水平的重要标尺。2018年,中共中央办公厅印发了《关于进一步激励广大干部新时代新担当新作为的意见》,建立了干部的激励机制和容错纠错机制,并提出了增强干部适应新时代发展要求的本领能力的举措,该政策的适时出台更好地为地方政府干部化解邻避风险、干事创业撑腰鼓劲。

三、市域社会治理背景下的邻避设施建设未来可期

受制于体制机制等因素,传统的地方治理体系形成了"省域"和"县域"两大重心。省域治理幅员辽阔,鞭长莫及;县域治理辖责有限,力不从心,两者之间的市域治理不上不下,地位尴尬,难有作为。在省域治理框架下,市域层级与县域层级虽然同为"执行者",但动员、执行、操作、应对等能力明显弱于后者,显得主动性、积极性不够;在县域治理框架下,市域层级与省域层级虽然同为"决策者",但决策、创新、整合、调配等能力明显不及后者,显得主导性、权威性不足。

从"邻避"到"邻里"
中国邻避风险的复合治理

这种治理重心的两极分化,使城乡治理二元化、断裂化成为治理体系最大的不足和缺陷,突出表现在统筹衔接机制、资源共享机制、人才保障机制、信息沟通机制的失衡和缺失。① 而新时代的市域治理强调以党组织为统领,以政府为主导,以居民需求为宗旨,以多元共治为特征,目的就是要弥补上述不足。

市域社会治理是国家治理在市域范围内的具体实施,是推进国家治理体系和治理能力现代化的重要内容。继党的十九届四中全会提出要加快推进市域社会治理现代化后,党的十九届五中全会又进一步提出要"加强和创新市域社会治理,推进市域社会治理现代化"②,凸显了该项工作的重要性和紧迫性。有效的市域社会治理将各种资源下沉到基层,不但能为城市居民提供更好的精准化、精细化服务,还可以及时发现各种风险隐患,将矛盾在基层解决。当前矛盾风险系统性、跨界性、传导性特点突出,市域越来越成为防范化解矛盾风险的关键层级。这迫切要求以市域为主阵地,充分发挥市域资源手段优势,从事前、事中、事后的整体视角进行防范,从源头、传导、转化的关键环节进行化解,防止矛盾风险向上传导、向外溢出。所以,市域是守住安全稳定底线的主阵地。

以上海市青浦区为例,辖区 11 个街镇均在探索该街镇在市域社会治理中的亮点。例如,练塘镇党委将老党员、老干部的政治优势与基层社会治理相结合,充分发挥他们基层经验丰富的优势,针对当前基层社会治理中的一些痛点难点问题,帮助基层攻坚破难。大力动

---

① 庞金友:《"中国之治"的市域之维 新时代市域治理现代化的逻辑与方略》,载《人民论坛》2019 年第 35 期。
② 《中共中央关于制定国民经济和社会发展第十四个五年规划和二〇三五年远景目标的建议》,http://www.gov.cn/zhengce/2020-11/03/content_5556991.htm,2021 年 4 月 1 日访问。

第十章
结论与展望

员、引导老党员、老干部加入镇级"三员"队伍,形成整体合力,不仅调动了他们发挥"余热"的积极性,降低了管理成本,也改变了农村管理模式,变传统的静态管理为动态管理,打通了基层治理的痛点、难点,激发了群众自治的活力,持续提升了社区治理效能,走出了一条群策群力维护农村社会和谐稳定的新路子。这里的"三员"是指"百姓信访代理员、社会矛盾调解员、人居环境监督员",镇党委聘用村里有影响力的老党员、老干部担任"三员",排摸信息、调解纠纷、整治环境,实现有序管理,促进农村和谐发展。老干部们大都经历过长期党内政治生活的锻炼,政治强、觉悟高、党性好,且德高望重,受人尊敬,具有很强的说服力和感召力,在关键时刻能够稳定人心、保持定力,况且他们就生活在农村,和村民朝夕相处,是夯实补充"三员"队伍的最佳人选。老党员、老干部补充到"三员"队伍后立刻成为主力军,受到了群众的普遍欢迎,他们凭自己的威信、能力和工作热情,在政府和群众之间架起了桥梁,发挥了巨大作用。在解决信访问题上,老党员、老干部们努力将"初微信访"矛盾吸附在当地、化解在基层。

中央政法委作为牵头部门,已研究制定了《全国市域社会治理现代化试点工作实施方案》《全国市域社会治理现代化试点工作指引》,既为开展市域社会治理现代化试点工作提供了基本遵循,又为试点成效评估提供了衡量标准。从治理的角度看,法治是一种外在的刚性约束,强调奖惩分明、权责清晰,德治则是一种内在的柔性约束,强调润物无声、治身治心。市域社会治理倡导的互动、协同、和谐和高效,内在要求社会共同体成员普遍具有较高的道德水准和伦理素养,因此,加快构建具有新时代中国特色的市域德治体系和德治文化,是市域社会治理现代化的重要内容和必要途径。针对当前社会道德呈现的多元化、功利化、自我化、碎片化等问题,加强个人品德、家庭美德、职业道德、社会公德建设显得必要而紧迫。应以德治为先导,通

从"邻避"到"邻里"
中国邻避风险的复合治理

过核心价值浸润人心形成道德约束、通过榜样力量转化德行实现道德施教、通过公益服务邻里和谐主导道德建构,尤其注重发挥家庭家教家风在基层社会治理中的重要使用,充分实现道德的引领、规范和约束功能,使德治成为市域社会治理体系的重要支撑。① 从市域社会治理的角度来看,优良的社会治理体系和能力,不能仅仅依靠某个组织或单方力量来实现,需要联动协同、多元共治。面对跨县域、跨城乡的重大风险和矛盾,可以构建互动、共享、协同的市域应急防控体系;面对跨领域、跨部门的大规模事件和冲突,可以发挥市域层级的齐抓共管、紧密协作、综合治理。

将邻避风险纳入市域社会治理的领域以后,涉及邻避设施的共建共治共享的政策展开空间形式可以更加丰富,尤其是市级层面在体制机制上的资源调配与治理需求能够很好地对接,如制定相关补偿或配套政策、调整设施的发展规划等,这些恰恰是区县、街镇等基层政府根本不具备的能力。市级政府层面的治理创新领域亦可以多种多样。虽然基层政府、社区在社会治理中有诸多创新性的举措,往往是规范情况下的创造性工作,但面对邻避风险时,基层的创新能力有限。市域社会治理则是在固有体制下的机制创新,可以很好地将矛盾、风险化解在市级层面。所以,市域社会治理背景下的邻避设施建设将很好地突破"大闹大解决、小闹小解决、不闹不解决"的"闹解"困境,实现从"邻避"到"邻里"的涅槃。

---

① 张凯兰:《市域社会治理现代化的五个维度》,载《学习时报》2019年12月11日。

附　录
关于殡葬设施规划与建设中的邻避风险调查问卷

尊敬的朋友：

您好！我们是上海政法学院课题组，非常感谢您参与本次问卷调查。为了研究的有效性，请根据您的真实感受作答，您的想法、意见和建议对我们的调查非常重要。本次调查以不记名方式进行，希望能够得到您的支持，谢谢！

一、基本情况

1. 您的性别是_____
   A. 男 B. 女

2. 您的年龄是_____
   A. 30岁及以下 B. 31—40岁
   C. 41—50岁 D. 51—60岁
   E. 61岁及以上

3. 您的文化程度是_____
   A. 小学及以下 B. 初中
   C. 高中（包括中专） D. 大学及以上

4. 您的政治面貌_____
   A. 中共党员 B. 共青团员
   C. 民主党派人士 D. 群众
   E. 无党派人士

二、实证调查

1. 您认为上海需要继续兴建殡葬设施（如殡仪馆、墓地等）吗？

从"邻避"到"邻里"
中国邻避风险的复合治理

（单选题）_____

  A. 非常需要   B. 需要

  C. 无所谓   D. 不需要

  2. 如果在您的社区附近建设殡葬设施，您愿意吗？（单选题）_____

  A. 非常愿意   B. 愿意

  C. 没什么意见   D. 不愿意

  E. 非常不愿意

  3. 建在社区附近的殡葬设施侵犯了居民的环境权，您的看法是（单选题）_____

  A. 完全同意   B. 同意

  C. 一般   D. 不同意

  E. 完全不同意

  4. 殡葬设施的风险仅由所临近的个别社区来承担，您觉得公平吗？（单选题）_____

  A. 非常公平   B. 公平

  C. 一般   D. 不公平

  E. 非常不公平

  5. 许多欧美国家的殡葬设施建在城市中心，甚至与社区"零距离"，您认为原因是（可多选）_____

  A. 豁达的个人生死观   B. 受西方宗教文化的影响

  C. 多年来的政府倡导   D. 媒体宣传的潜移默化

  6. 殡仪馆在遗体、遗物焚烧过程中释放的主要有害物质是（单选题）_____

  A. 二噁英   B. 二氧化硫

  C. 氮氧化物   D. 一氧化碳

附 录
关于殡葬设施规划与建设中的邻避风险调查问卷

　　E. 完全不了解

7. 您了解殡仪馆的运作流程吗?(单选题)_____

　　A. 非常了解　　　　　　B. 了解

　　C. 一般　　　　　　　　D. 不了解

　　E. 完全不了解

8. 近期,北京、上海等地相继举办以"破旧立新、移风易俗"理念为主导的殡仪馆免费公众开放日活动。如果时间允许,您愿意去参加吗?(单选题)_____

　　A. 非常愿意　　　　　　B. 愿意

　　C. 一般　　　　　　　　D. 不愿意

　　E. 非常不愿意

9. 您对政府关于殡葬设施建设的各项决策的信任程度是(单选题)_____

　　A. 非常信任　　　　　　B. 信任

　　C. 一般　　　　　　　　D. 不信任

　　E. 非常不信任

10. 关于殡葬设施所产生的风险,您的评价是(单选题)_____

　　A. 完全没有风险　　　　B. 没有风险

　　C. 一般　　　　　　　　D. 有风险

　　E. 有很高的风险

11. 在自家社区附近建设公墓对社区的影响是(可多选)_____

　　A. 心理影响　　　　　　B. 健康影响

　　C. 社区形象影响　　　　D. 房价下跌

　　E. 风水影响

12. 您觉得在殡葬设施规划与改扩建过程中,政府部门是否会充分考虑社区的意见?(单选题)_____

　　A. 完全会　　　　　　　B. 只是部分

C. 根本没有　　　　　　D. 不清楚

13. 您认为如果殡葬设施不建在您的社区附近，那么建在哪个地方最合适？（单选题）_____

A. 只要不建在我们社区附近就可以

B. 建在偏远、人少的地方

C. 政府出价进行拍卖，哪个社区接受就建在哪个社区

D. 通过网上投票决定

14. 如果政府部门采取下列哪些措施，您会同意殡葬设施建在您的社区附近吗？（多选题）

A. 采用遗体焚烧新技术将污染降到最低

B. 定期公布殡葬设施环境监测报告，并随时进行检查监督环境污染情况

C. 规划过程中保持信息公开

D. 规划过程中广泛征求附近居民的意见

E. 给予适当的经济补偿

F. 免费给社区修建游泳池、健身馆、图书馆等公共设施

G. 定期免费给社区居民进行体检

15. 您对上海殡葬设施改扩建过程中邻避风险的治理有什么好的建议和对策？（请写在下面的横线处）

_____

_____

_____

后　　记

作为普通老百姓，我们是幸运的一代，经历了中国政治的伟大变革、经济的高速发展、社会的巨大进步；作为理论研究者，我们亦是幸运的一代，中国发生的巨大变化为我们开展学术研究提供了丰富的"田野"。曾几何时，我们欣喜于社会日益高涨的公众参与需求，也困惑于政府回应能力建设的滞后。如今，中国正以生动的治理故事打通化解邻避风险的"任督二脉"：只有跟公众建立起共生共长的关系，才能迎来生机勃勃的发展气象。

2012年，一个偶然的机会使我关注到宁波镇海PX事件，至今已有将近10年的时间。每次走舟山跨海大桥经过镇海时，我都在想如果宁波PX事件发生在最近几年，会是什么样的结局。如果将这近10年划分成两个阶段，那么2016年无疑是中国式邻避治理的分水岭。2016年之前，我们见证了太多邻避问题处置失败的"闹—停"案例，所以习近平总书记在兰考县委常委扩大会议上的讲话中也意味深长地提到了著名的"塔西佗陷阱"；2016年之后，浙江杭州中泰垃圾焚烧厂、湖北仙桃垃圾焚烧厂则开辟了从"邻避"到"邻里"的新境界，为共建共治共享理念写下了生动注脚。在这将近10年的时间里，我去浙江、湖北、四川、云南、山东等多地进行实地调研，希望能够从中找到关于邻避问题的一些线索。至今清晰地记得2015年的那个盛夏，上海发生了金山PX事件，拥挤的人群、滚烫的马路和湛蓝的天空仍时

从"邻避"到"邻里"
中国邻避风险的复合治理

常萦绕在我的脑海中。近距离观察民众的态度、行为及政府的应急反应,于参与式观察中浇筑了本研究的坚实基础。

曾子曰:"士不可以不弘毅,任重而道远。"本书遵循从理论到实践的原则,既构建了邻避风险评估与风险沟通的理论框架,也探讨了蕴藏于PX项目、垃圾焚烧站、殡葬设施等中的应用场景。PX项目是一些城市经济增长的重要项目,可以带来稳定的就业、可观的税收;垃圾焚烧站则是解决"垃圾围城"的最重要手段;殡葬设施的新建或改扩建将是中国老龄化社会所亟须的。所以,本书选择这三个建设项目为研究对象,为实务工作者提供适当的经验借鉴,希望"闹—停"的故事不要重演,为中国之治贡献绵薄力量。

本书中的部分内容曾发表在《中国行政管理》《情报杂志》《殡葬文化研究》和 *Ecological Economics* 等杂志上。相关文章得到过教育部人文社科研究项目、上海市哲学社会科学规划项目、上海市"晨光计划"项目、上海市民政局科研项目等项目的支持。北京大学出版社的朱梅全编辑和尹璐编辑在作者多次校对的基础上,又反复对书稿文字进行了逐字逐句的审校,他们为本书的出版付出了巨大的心血,在此表示特别的谢意。同时,特别感谢在这本书的出版过程中付出了智慧和汗水的各位师友。

"政之所兴在顺民心",这是一个闪烁真理光芒的论断。站在人民城市的新起点上,我们有足够的理由期待中国各个地方政府能够很好地超越邻避困境,顺利推进各种邻避设施的建设。

辛方坤

2021年4月23日于上海明文苑